未来领袖摇篮
系列丛书

**WEILAI
LINGXIUYAOLAN**

**MCGILL
UNIVERSITY**

刘彦慧 | 编著

麦吉尔大学
学术航母

MCGILL UNIVERSITY
Top Academic

中国出版集团

现代出版社

图书在版编目(CIP)数据

学术航母：麦吉尔大学 / 刘彦慧编著. —北京：现代出版社，2013.2
（2021.8重印）

（未来领袖摇篮）

ISBN 978-7-5143-1382-6

Ⅰ.①学… Ⅱ.①刘… Ⅲ.①麦吉尔大学－青年读物②麦吉尔
大学－少年读物 Ⅳ.①G649.711.8-49

中国版本图书馆CIP数据核字(2013)第026863号

编　著	刘彦慧	
责任编辑	刘　刚	
出版发行	现代出版社	
通讯地址	北京市安定门外安华里504号	
邮政编码	100011	
电　话	010-64267325 64245264(传真)	
网　址	www.xdcbs.com	
电子邮箱	xiandai@cnpitc.com.cn	
印　刷	北京兴星伟业印刷有限公司	
开　本	700mm×1000mm 1/16	
印　张	12	
版　次	2013年2月第1版　2021年8月第3次印刷	
书　号	ISBN 978-7-5143-1382-6	
定　价	32.00元	

前 言
QIAN YAN

　　如今已步入不惑之年,记忆中的一些事情好多都已如烟消云散,不过有一个问题始终萦绕心头,我高中毕业的时候,家里的生活非常艰难,父母为什么还让我读完大学呢? 这个问题困扰我已经20年了。终于有一天,我明白了,父母想让我换一种生活方式;他们不希望我沿着他们的生活轨迹前行!

　　古人说:"行万里路,读万卷书。"这句话实在深刻! 对现代人而言,行万里路易,读万卷书难。科技的车轮正以惊人的速度滚滚向前,终日在电脑和千奇百怪的机器前忙碌的现代人,用电线、光缆、轨道和航线把地球变成一个村落,点击鼠标,我们可以在世界的任何一个角落把自己随意粘贴。好多人已经认为读书没什么用! 读书是在浪费生命。于是,面对现代文明,缺少了读大学修炼的底蕴。我们频繁遭遇对面相逢不相识的尴尬,不断地积聚那些源自心底的陌生。为此,我们渴望一种深层的理解,渴望一种心灵的历练,以让脚步和心灵能够行得更远。

　　大学有着上千年文化的厚厚沉积,大学有着上千年文明的跌宕起伏,大学有着上千年社会的沧桑巨变,这足以让你惊叹,让你震撼。大学给你的感觉是那样空灵,那样清新,那样恬静。追昔抚今,历史的长廊仿佛就在眼前。生命却耐不住"逝者如斯夫"的侵蚀,大学生活也是必需的人生

经历。大学的魅力，与其耳闻，不如亲见。大学生活可以弥补我们时间的缺失，增值属于我们的光阴；大学可以把智慧集腋成裘，让我们的生命成就高品质的价值。

在任何一个团体中，总有某一个人充当着核心的角色，他的言行能够被团体认可，并指引着团体的某一些决策和行动。我们可以把这种人所具备的人格魅力称为"领袖气质"。环境是一种氛围，一种智慧，一种"隐性课程"。我国古代有"孟母三迁"的故事，说明环境对人才成长的重要性。

在良好的教育环境中，人才更能轻松愉快、自由主动地去发现、思考和探索，从中获得知识经验，在情感、信念、意志、行为和价值观等方面得到潜移默化的熏陶；成长环境有助于显示今天的行动与明天的结果之间存在的永久联系。在这里，曾经出现过无数的政治、经济、军事、文化等各个行业的领军人物。他们用行动证明：最具实力、特点的学府，才能真正缔造别具一格的人才。

本丛书选了最具代表性的世界名校20所。通过对这些名校的概况、教学特点、培养的名人等的介绍，意在深度挖掘人才成功之路上不为人知的细节，同时剖析名校培养人才的根本原因所在，是一部您一定要读的人生枕边书。

尽管我们付出了诸多辛苦，然而由于时间紧迫和能力所限，书稿错讹之处在所难免。敬请各方面的专家学者和广大读者批评指正。我们不胜感激！

编者

2012年11月

目　录

开　篇　大学是未来领袖的摇篮

　　大学是社会的良心，是天才的渊薮，是文化与思想的栖息地，也是每一个青少年成为未来领袖的摇篮。每所大学都有独特的文化和性格。一所大学能反映一个城市甚至一个国家的精神气质。大学是今天与未来的桥梁，认识一所大学，可以树立一个梦想；树立一个梦想，可以创造一个人生。

第一章　享誉世界的"北方哈佛"

　　麦吉尔大学始建于1821年，经历了百余年的长足发展后，已经发展成为蜚声全球的一流综合性大学，被誉为"北方哈佛"。在世界各报刊以及研究机构的排行榜中，麦吉尔大学多次名列加拿大第一，世界大学排名前20。

第二章　校园特色文化

在麦吉尔大学读书，不但学识上有所收获，而且还能接受独特的麦吉尔文化的熏陶。学校仅各类博物馆就有7座。麦吉尔大学还有各种学生团和俱乐部，学生可以在不同的俱乐部找到与自己兴趣相投的伙伴。

第三章　医学界的翘楚

麦吉尔大学的医学院在加拿大首屈一指，是无数学子梦寐以求的地方，美国著名的约翰霍普金森大学医学院的创立者之一威廉奥斯勒即从麦吉尔大学医学院毕业。麦吉尔大学在医学领域，尤其在癌症研究、免疫学、遗传学、呼吸系统疾病和神经病学等方面均取得很大成就。

第四章　世界精英的摇篮

建校185年来,麦吉尔大学一直是蒙特利尔的骄傲,她孕育了无数著名的思想家和科学家, 其中有9位获得诺贝尔奖,3位宇航员, 两位加拿大总理,11位最高法院法官,9位奥斯卡金像奖(Academy Award),3位加拿大以外国家领导人,3位普利策奖得主和28位奥运会奖牌得主。

开　篇　大学是未来领袖的摇篮

　　大学,是社会的良心,是天才的渊薮,是文化与思想的栖息地,也是每一个青少年成为未来领袖的摇篮。每所大学都有独特的文化和性格。一所大学能反映一个城市甚至一个国家的精神气质。大学是今天与未来的桥梁,认识一所大学,可以树立一个梦想;树立一个梦想,可以创造一个人生。

领袖是怎样炼成的

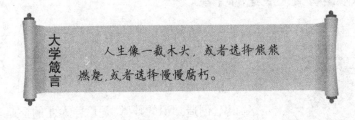

大学箴言　人生像一截木头，或者选择熊熊燃烧，或者选择慢慢腐朽。

做一个出类拔萃的领袖

要想真正成为一名出类拔萃的领袖,必须在工作、生活各个方面具备过硬的素质。从某种意义上说,领袖必须成为人民的理想楷模。这不仅是指通常所理解的"德",而且也是指同样重要的"智"。一个真正的领袖必须拥有远大的抱负,拥有异于常人的智慧,超常的适应能力,服务大众的态度和引导舆论的能力。

一个好领袖必是一个好的聆听者,并掌握与人沟通、表情达意的技巧。他充满自信,具有很强的分析能力,亦必毅力过人,并能不断自省以求进。英国首相温斯顿·丘吉尔说过:"成功不是终点,失败也并非末日。最重要的是具备勇气,一直前行。"当一个人为实现梦想苦苦追寻的时候,需要这样一种意志和品格。

坚持,是一种信念。无论在国内,还是在国外,要获得最美丽的人生,

要实现自己最大的价值,要能够对社会、对他人有所回报,就要坚持自己的目标和梦想。

坚持,是一种过程。这个世界上,天上掉馅饼的事儿几乎为零,或者没有什么事情是一蹴而就的。在梦想实现之前,需要耐得住寂寞、孤独和暂时的不成功。

坚持,是一种生活方式。学习也好,工作也好,生活也好,都需要用一种坚持的态度去完成。这种生活方式可以磨练自己的意志力。坚持住人生信念,没有什么困难是不可以克服的。

做富有文化底蕴的智者

一个优秀的领袖必然有着深厚的文化底蕴,其实也就是文气。文气是指一个人的内在文化底蕴、外在儒雅气质、文化修养、精神境界的自然显露。大学是保存知识、传播知识、创造知识的殿堂,是培养人才的摇篮,是先进文化的策源地和辐射源。大学领导者作为知识分子的领袖、楷模和标尺,如果自身没有知识、没有文化、没有学问,即没有所谓的"文气",就不会得到师生的尊重、敬仰和爱戴,就很难引领大学的发展。

> 【领袖语录】
> 读书时不可有己见;读书后不可无己见。

修炼文气,须多读书,成为大学者。"腹有诗书气自华"。要养成儒雅的文气,就必须博学多识,不仅学习教育学、心理学、管理学、领导学、经济学等知识,还要多读经典古文、传统诗词、名家名篇,广泛涉猎经济、政治、文化、社会等各方面,学贯中西、通晓古今,努力成为著名学者。纵观做出卓著成绩的校长,他们都是某个学科领域的专家,同时也对人文社会科学知识有深厚的积淀。如北京大学原校长蔡元培是哲学家、美学家,还通晓教育学、心理学、生理学,堪称大学问家。

修炼文气,须多思考,成为思想家。文气的养成是为了提高个人素养,促进工作实践,而思考是学习与行动的桥梁,"学而不思则罔"。思考形成思维,思维产生观念,观念形成思想,思想决定行动。因此,大学领导者必须学会思考,并多思考。要明了大学的性质,知晓大学的历史,把握大学面对的环境和拥有的资源,把文气的养成与改造思想结合起来,与指导实践结合起来,与解决实际问题结合起来。历史证明,成功的大学领导者,一般都是深邃的思考者。譬如,哈佛大学校长博克曾著《超越象牙塔》,指出现代大学不能回避为社会的进步和国家的利益服务;芝加哥大学校长赫钦斯曾著书《高深学问》,反对功利主义,倡导博雅教育;耶鲁大学校长吉亚麦提曾著《大学和公众利益》,探讨大学的性质和在社会中的作用;加州大学校长克尔曾著《大学的功用》,提出了巨型大学的概念。由于他们对大学有深入的思考,不随波逐流,从而把大学办出了特色,推上了新台阶。

修炼文气,须多谋划,成为谋略家。大学领导者是学校的规划设计者,历史上有卓越成就的大学领导者都是优秀的谋略大师。卡迪夫大学前任校长史密斯爵士曾说过,作为领导者,他必须将四分之三的时间花在思考学校方向和战略上,他认为,"校长就是要将自己的办学战略和价值理念传播出去,让学校所有员工接受,然后选择合适的人去实现这些策略。"中国的大学校长都曾经或正在谋划制定"大学发展战略规划、大学学科和师资队伍建设规划、大学校园发展规划",引领大学的发展和振兴。事实证明,大

> 【领袖语录】
> 所谓年轻的心,就是总有一扇门敞开着,等待未来闯进。

领导者只有经常围绕"建设一个什么样的大学,怎样建设这样的大学"的问题潜心思考,精心谋划,才能认准大学发展的根本方向,不至于随着各种思潮的冲击而左右摇摆。

浩然正气的力量

一个优秀的领袖还必须有正气。孟子曰:"吾善养吾浩然之气。"文天祥说:"天地有正气,杂然赋流形。下则为河岳,上则为日星。于人曰浩然,沛乎塞苍冥。"对大学领导者来说,正气就是不媚俗,能引领社会发展潮流。

学术航母

修炼正气，须不媚俗。大学既要防止"滞后于社会"的弊端，但又不简单地"迎合时尚"。这就要求大学领导者的办学理念和行为方式必须因时而变，成为"对现在和未来都会产生影响的一种力量"。但这种适度而明智的变化不是无原则、无限度的，必须是"根据需求、事实和理想所做的变化"。罗伯特·M·赫钦斯在《学习社会》一书中直言不讳地追问："大学究竟是为社会服务还是批评社会？是依附于社会还是独立于社会？是一面镜子还是一座灯塔？是迎合眼前的实际需要，还是传播及光大高深文化？"这些都需要我们深思。

有几个充分表明大学校长不媚俗的例子：1986年哈佛大学校庆，当时的美国总统里根希望获得哈佛大学名誉博士的称号，但哈佛大学校长德雷克·博克予以拒绝："里根可以成为美国总统，但他难以获得哈佛的博士学位，因为这是学术称号。"人们称之为"两个President之争"。基辛格从国务卿岗位上卸任并退出政坛后，很想回到哈佛大学工作，但被哈佛大学校长婉言谢绝："基辛格是个学识渊博的人。如果论私交，我和他的关系也不坏。但我要的是教授，不是不上课的大人物。"1957年北大校长马寅初在最高国务会议上提出他的"新人口论"，受到当时权威的批判，但他说："我决不向专以力压服，不以理说服的那种批判者们投降。"尽管他被迫辞去北京大学校长职务，全国人大常委之职也被罢免，公众的心中却并未消失，马老正直的身影和铿锵之声；历史证明，马寅初不媚俗，不迷信权威，他掌握了真理。

修炼正气，须能引领。大学不应脱离社会、孤芳自赏，而应当"与社会保持接触"，并"以自己的实力和声望"对科学和重大而紧迫的社会问题、社会现象进行研究，从而对社会可能采取的行动与对策产生影响。赫钦斯说："大学是一个瞭望塔。"在改革社会中应发挥积极的作用，成为承担公共服务的必不可少的工具，应不惜一切代价加强各种创造性的活动，引领社会前进。普林斯顿大学原校长弗莱克斯纳认为：大学必须经常给予学生一些东西，这些东西并不是社会所想要的(want)，而是社会所需要的(needs)。不管社会如何变化，在任何情况下，大学都有对于知识和

思想保存的责任,能不断引领社会发展,而不是一味地适应社会。因此,大学领导者应有能力通过引领大学发展来引领社会发展。

底气是做人之本

一个优秀的领袖还必须有底气。底气是做人之根本、根基、根源。底气足,才有真本钱,才有发言权,才有凝聚力和号召力。底气的表现形式就是说话的分量、

【领袖语录】

不要把知识与智慧混清,知识告诉你怎样生存,智慧告诉你如何生活。

人格的魅力、个人的影响力,就是群众的归属感、信任感和敬仰感。作为大学领导者,必须要有充足的底气。有了充足的底气,才能确立威信,促进事业的兴旺发达,实现大学的价值。充足的底气需要磨练和积累,需要全身心地培育和修炼。

修炼底气,须立大志。底气源于理想和信念。理想和信念是大学领导者的基本内在修养。大学最根本的社会功能就是储存、创造和传递人类文明。大学要创造新的人类文明就要为了真理而追求真理。追求真理本身就是目的,因此,它天然地反对功利主义。大学还要负载价值,守望社会精神文明,给人类以极大关怀。因此大学领导者要树立追求真理、献身真理的大志向。要坚信我们所从事的事业是正义的事业,是伟大的事业,责任崇高而神圣,任务光荣而艰巨。

修炼底气,须善实践。能力是底气的表现。大学领导者在专业上要做专家,管理上要做行家,必须勤于实践善于实践。以华中科技大学历任领导者为例,他们都是善于实践的典范。朱九思提出"敢于竞争,善于转化","科研要走在教学的前面",大力加强科学研究;杨叔子坚持"高筑墙,广积人",大力加强师资队伍建设;周济实践"以服务求支持,以贡献求发展",大力发展社会服务等。正是历届领导者励精图治,实践创新,硬是把一所名不见经传的大学建设成了一所国内外知名的大学。由此可见,大学领导者应该是实践者。他不一定是管理学科的专家,但深谙教育管理之道,善于行政管理,精于用人之道,具有解决和处理各类大学矛盾的能力。

他不一定是专门的政治家,但能够把握大学正确的发展方向,提出适合大学长远发展的办学思想与理念,用先进的办学指导思想推进大学的建设、改革与发展。

修炼底气,须敢成功。成功的大学,领导者会更有底气,有底气的领导者会把大学引向更加成功的境地。正是由于哈佛校长艾略特、劳威尔、柯南特、博克等人成功地将哈佛引向了成功,才使哈佛大学更有了底气;也正是哈佛大学的不断成功,才使哈佛大学的校长更有底气,从而进一步引领大学从胜利走向新的胜利。

大气是一种智慧

一个优秀的领袖还必须有大气。大气,就是大气度、大胸怀、大气魄,大爱心。大学应该有大气。江泽民同志在北大百年校庆时讲:"大学,应该是培养和造就高素质的创造性人才的摇篮,应该是认识未知世界、探求客观真理、为人类解决面临的重大课题提供科学依据的前沿,应该是知识创新、推动科学技术成果向现实生产力转化的重要力量,应该是民族优秀文化与世界先进文明成果交流借鉴的桥梁。"完成这一使命,"大学的党委书记和校长,应该成为社会主义政治家、教育家。"因此,大学领导者应该有大气。

修炼大气,须有大视野。大学之大,根本取决于它的两大直接产品:学术和学生,以及铸成这两大产品的模具:学者、学长和学风。因此大学之大,乃在于学术之大、学生之大、学者之大、学长之大、学风之大。大学领导者要有宽广的视野、开放的精神,兼容并蓄,善于从复杂的现象中看到事物运动的基本态势,抓住基本规律,从眼前的利害中超越出来,突破经验的束缚,对社会需求进行全局的、客观的把握,穿透眼前,看到长远。大学发展的历程证明,大学领导者的视野往往决定大学的发展。纽曼的传统大学观把大学看作是"一个居住僧侣的村庄",弗莱克斯纳的现代大学观把大学看作是一个城镇,而克拉克·克尔的多元化巨型大学观则把大学看作是"一座充满无穷变化的城市"。可见领导者的视野决定大学的视野。哈佛大学校长萨默斯以国际视野改革大学教育，强调哈佛新课程改革要给本科生更多的到国外学习的机会。

修炼大气，须有大胸怀。"一个人胸怀有多大，才能做多大的事业。"大学具有天然的包容性：首先是学科包容。大学包容了传统基础学科，还包容了跨学科、边缘学科和应用学科，甚至为那些已经乏人问津的学科以及尚未获得广泛承认的学科与知识领域留有一席之地。其次是学者包容。大学包容各种各样的学者和学生，甚至为个别行为、个性和思想方法奇特的学者创造宽松环境，使他们按自己的习惯从事活动。再次是学术包容，即包容学术上的各种不同见解。因此，大学领导者在办学理念上，要有开放意识和世界眼光，以昂扬的气势迎接各种挑战，以仁厚的情感容纳学生，以宽容的精神对待学术，以谦虚的心灵接纳新知识；要在选用人才上，有"海纳百川"的大气，以开放的胸怀招揽人才，以宽广的眼光选用人才；在具体工作上，要有团结友爱的胸怀、互以对方为重的风格，要搞五湖四海，不搞小圈子，做到坦坦荡荡、光明磊落，容人、容事、容言。如果说大楼、大师是大学的硬件，大气则是软件，软件与硬件同样重

【领袖语录】
气不和时少说话，有言必失；心不顺时莫做事，做事必败。

要。在一定意义上，甚至可以说软件比硬件更重要。1953年出生的安德鲁·怀尔斯，10岁时对世界难题费马大定理着了迷，于是立志搞数学。他32岁成了普林斯顿大学教授后好像突然消失了，学术会议不参加了，论文也没有，有人说他江郎才尽了，有人说应该解聘他，但普林斯顿大学校长不为所动，仍然聘他为教授，表现出了大学的大爱，终于在9年后的1994年，安德鲁·怀尔斯破解了费尔马大定理，轰动世界，也使普林斯顿大学声名远扬。

修炼大气，须有大手笔。有了大手笔，才会有大发展。大手笔，要有大气魄，要有超越、怀疑、批判精神。要超越各种形式的禁锢和守旧观念，挑战各种历史理论和权威，深刻批判与反思，进行前提性追问、主体创造与建构。正是因为洪堡的大手笔才使柏林大学得以振兴，成为研究型大学的

术航母

楷模,从而使大学具有科学研究的职能;正是范海斯的大手笔,提出"威斯康星州的边界就是威斯康星大学的边界",才使美国大学得以崛起,从而使社会服务成为大学的第三大职能;也正是蔡元培的大手笔改造旧北京大学,才使北京大学焕发出新的青春活力,成为真正意义上的现代大学。大学领导者要有大手笔,就要敢于有所为,有所不为,有所舍弃,敢于砍掉不适合自己学校发展的东西;有所为,有所先为,有所后为,敢于在自己的位置上创新、创造不可替代的业绩。

锐利的士气

一个优秀的领袖还必须有锐气。《淮南子·时则训》所说的"锐而不挫",彰显的是不畏困难和挫折的精锐士气。锐气就是要有一股子劲,始终保持一种向上的进取姿态,保持高昂的工作热情和工作韧劲。锐气就是在成绩面前不忘乎所以,在困难面前不灰心丧气,不断适应新形势,研究新情况,解决新问题,做到"苟日新,又日新,日日新"。有锐气,才能有所作为,有所建树。

修炼锐气,须讲批判。大学是知识传递与生产的场所,是新思想的重要发源地。不论是知识的传递与生产,还是真理的探求,都应该建立在大学批判责任基础之上。德国社会学家海因兹·迪特里奇尖锐地指出:"今天的大学是一些被阉割了的机构,大学教育脱离大多数人的生活现实,研究质量低下,教育道德沦丧。"作为大学领导者要弘扬大学的批判责任,鼓励和支持大学继续扮演那种绝对真理、社会公正和道德良心守护神的角色。

修炼锐气,须讲创新。加拿大阿尔伯塔大学校长罗德里克·德·弗雷泽认为,大学领导者的主要职责有三项:第一,吸引最好的学生到学校读书;第二,吸引最好的教职员工到学校工作;第三,为教职工、学生提供足够的资源,营造积极的氛围,使师生能够有效地学习、创造性地开展学术与科

研工作,保证他们发挥最大潜力。大学要做好这些工作,没有具备创新意识和创新能力的领导者是不行的。创新是大学保持生命力的关键所在。历史证明,不满足于现状,勇于改革和创新是优秀大学领导者共同的特征之一。哈佛大学原校长劳威尔说在他任校长的24年里,有四大创新:一是设立主攻课和基础课制度,二是设立住宿学院制度,三是设立导师制度,四是设立荣誉学位制度。这些都为哈佛大学的进一步发展奠定了基础。

修炼锐气,须养个性。牛津大学原校长纽曼是一个有个性的校长。他认为:大学是传播普遍性知识的场所。知识本身即目的。教育是理智的训练。大学是为传授知识而设的,"如果大学是为了研究,我不知道大学为什么要那么多学生"。他的个性造就了牛津大学

【领袖语录】

　　没有人可以打倒你,打倒你的只有你自己。

的辉煌。柏林大学原校长洪堡认为,大学的基本组织原则就是两条:自由和宁静,教师和学生为科学而共处,自由地进行各种学术上的探讨。他的个性使柏林大学很快崛起。威斯康星大学原校长范海斯认为,大学的基本

任务是把学生培养成有知识、能工作的公民;进行科学研究,发展创造新文化、新知识;传播知识,把知识传授给广大民众,使他们能够运用知识解决经济、生产、生活、政治等方面的问题。这种理念引领大学走出了古典大学的围墙,使大学获得了新的生命。曾经被毛泽东评价为"学界泰斗,人世楷模"的蔡元培,不仅提出了"囊括大典、网罗众家,思想自由、兼容并包"的著名办学方针,铸就了"北大精神",更重要的是,他具有"外和内介、守正不阿,勇于任事、敢于负责,宽容大度、民主平等,严于律己、廉洁奉公"的个性,改造北大,铸就了北大的辉煌。

领袖素质

  远大的理想。纵观历史中的领袖都有远大的抱负,所谓吞吐天地之志。拥有这样的理想才能塑造其人格魅力。人们追随他,绝不仅仅因为他长得帅,而是因为他能带给人们希望,给人们一个远大而美好的憧憬。

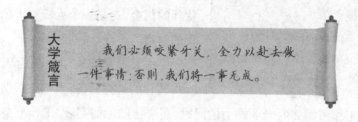

麦吉尔大学
MAI JI ER DA XUE

大学在青少年成才中的作用

大学箴言

    我们必须咬紧牙关，全力以赴去做
一件事情；否则，我们将一事无成。

做一个知书达礼的人

大学可以让我们自我发展与完善，大学不仅能帮助学生"读书明理"，更能帮助学生提升修养、品质、智慧。大学教育对于年轻人形成人生观、社会价值观，对于发现和理解生命的意义和人的社会价值有极大的作用。大学是人们的精神家园。

青少年作为明日的社会精英，在大学期间除了读好本科课程外，亦应把握所有机会与同窗多交流，多沟通，以培养人际沟通技巧，学习聆听，也多表达意见。这些同侪间的互动、不断的切磋砥砺，对于培养个人自信心、提高分析和自省能力都有莫大裨益。

大学在现代已经逐渐发展成高等教育系统，由各种类型的高校组成，不同类型的高校的社会职能与社会定位、人才培养目标、对学生的要求、教育教学模式各不相同。就读不同的高校通常与不同的职业生

涯发展有着较为密切的联系。选择大学,应当是个人对大学意义与价值和自身发展设想充分认识基础上的理性判断。从一般意义上讲,今天的大学至少能为学习者提供以下服务。

——大学是探究未知世界的场所。具有好奇心的年轻人与致力于探究未知世界的教师结成共同体,大家志同道合,在满足好奇中推动人的发展和社会发展。这样的职能是其他社会机构无法替代的。

——大学是年轻人交往的地方。大学把四面八方、有着各种文化背景、生活体验与经历的学生汇集起来,让年轻人相互交往并且相互学习,为每一个学习者提供发现不同的交往伙伴的机会。这是一个人成长中极为宝贵的财富。

【领袖语录】
信仰比知识更难动摇;热爱比尊重更难变易;仇恨比厌恶更加持久。

——大学是实现学生身份到工作身份转化的必要预备。大学在帮助学生形成工作所需要的专业能力的同时,还应帮助他们完成"工作准备",形成个人就业的"配置能力"(个人在就业市场上发现机会、自我判断、抓住机会实现就业的能力)。大学对学生在心理、文化、人际交往、专业等方面的训练,正是为了能有这样的"配置能力"。这是推动学生转型为"职业人"的社会化过程。

——大学帮助年轻人获得安身立命的专业能力。高等教育往往决定多数人终身的专业方向和职业领域,它帮助学生形成专业化的劳动能力,在今天这样分工高度专业化的社会,专业教育具有关键作用。

做适应社会需要的人

现代大学将越来越难以提供人们曾经期待的那种"社会地位配置"作用,而"回归"教育机构的本质。所以,大学生要认真把握大学能提供什么和自己需要什么,在大学里努力提升综合素质和专业能力,给自己的未来加注尽可能多的"能源"。

随着世界格局的变化,特别是东西方阵营的瓦解和各国发展模式的调整。原有政治主导或经济主导的状况相应改变。大学的普及成为影响青少年发展的重要因素,也引起青少年组织与社团的高度重视。大学为青少年学习提供动力的同时,为青少年组织与社团开展各种服务、活动、教育提供了机遇。

领袖素质

　　超常的适应能力。领袖的路并不一定是一帆风顺的。有前呼后拥的壮观场面,也有独自一人的低谷阶段。能够适应时局的起落变化,不被挫折打倒,不被胜利冲昏头脑是领袖的生存之道。

伟人的性格特点

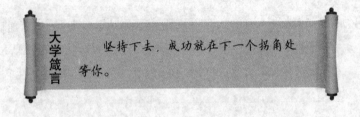

非智力因素的作用

现代心理学研究表明，一个人的非智力因素(性格是其中一个重要方面)在一个人的成才中占有十分重要的作用。一个人具有优良而成熟的性格就能最大限度地发挥自己的精神力量，并能与环境中的他人建立和谐良好的关系。一个人的性格还是其自身品德、世界观的具体标志，是其精神面貌的综合反映和集中体现。

有人对享有盛誉、成就卓著的领导人的性格进行了研究，发现他们共同的性格特征是：实际、客观、求善、创新、坦诚、结交、爱生命、重荣誉、能包容、富有幽默感、悦己信人。这些性格特征是他们造福于人类的信仰的体现，对支持他们始终如一地为实现信仰而奋斗起了重大作用。

美国心理学家台尔曼对150名事业有成人士进行研究，发现性格因素与他们的成功有着密切关系。他们往往具有以下共同性格特征：第一，为取得成功的坚持力;第二,善于积累成果;第三,自信心强;第四,不自卑。考克斯对 1450 年至 1850 年 400 年间所出现的 301 位伟人进行研究,发现他们都有以下优秀性格特征:自信、坚强、进取、百折不挠等。

在社会实践中,对不同职业者还有不同的职业性格要求。例如,做医生要有严谨、认真、细心、安定的性格;做企业家要有独立、进取、坚强、开放、灵敏等性格;而作为军人就要有勇敢、坚强、果断、自制、机智等性格。不具备相应的职业性格特征的人,往往难称其职。

在日常生活和人际交往中,热情、真诚、友善的人受欢迎,生活也幸福;冷漠、虚伪、孤僻、不负责任的人受冷落,生活也多有不幸。

信念的作用

信念,是一种心理因素。信念领导力是战胜挫折、赢得机遇的前提,也是切实的方法。自信的人首先忠诚于自己的信念,这种信念融入你的言行、举止,让你的举手投足都在辅助你的语言所表达的信息,因而让人们相信你的能力和人格。作为一个领导者,信念坚定是战胜工作中的困难,力排干扰,把握时局,打开局面,果断决策和树立领导威望的一个重要的心理优势。

有了信念,才能以最佳心态开展工作、履行职责;有了信念,才能以饱满热情开创事业、完成使命。运动员在赛场比赛,要争得第一,争得一流,不可没有信念;求职者在人才市场应聘,要技压群芳,求得赏识,不可没有信念。一名领导干部,无论是作竞职演讲,还是就职表态,必须保持良好的心理素质和精神状态,以坚定的口气、热情的态度、积极的表现来赢得上级和群众的支持。

自信是一种认识和态度

自信是一种认识和态度,也通过人的风格来表现。美国形象设计大师鲍尔说:“成功男人的风格反映在外表,而优雅来自内在,它是你的自信及对自己的满意,它通过你的外表、举止、微笑展示。”自信并不一定是天生

具有的,它可以通过后天的培养而产生。如果你在生活中认真观察,你会发现这种自信是有感染力的。

　　心理学家发现,外向的性格和信念是吸引和保持朋友的重要原因。由于自信,朋友和同事愿意跟随着你,上司也会对自信的人高看一眼。因为你具有自信的气势,让别人相信你能把任何事都变成现实。然而信念却不一定需要用语言来表达,它通过你的神态、语气、姿势、仪态等等,无声无息地、由里向外地散发着魅力。

领袖素质

　　服务大众的态度。领袖并不一定要用暴力主宰一切,事实上暴力统治一般不能长久。长久的领导艺术需要懂得如何服务大众,满足大众。

大学为伟人提供了成才的环境

大学箴言

所谓人才,就是你交给他一件事情,他做成了;你再交给他一件事情,他又做成了。

环境对人的心理和行为具有普遍制约作用。系统论认为,环境是第一个在系统周围能够广泛产生作用的场所和条件。人的心理机能是对环境的长期适应的结果,人的心理和行为取决于当前的刺激、个性特征、整个环境及特征。同时,环境与人的心理和行为是相互作用的,这种关系不仅表现在人类生存的自然环境与人的心理与行为的相互作用,也表现在社会环境与人的心理和行为的相互作用,环境对人的心理、行为产生普遍的制约作用,人的心理、行为又导致环境的改变。

心理学家考夫卡在其《格式塔心理学原理》一书中提出环境分为现实的地理环境与个人意想中的行为环境,他认为行为产生于行为环境,受行为环境的调节。另一位心理学家勒温在《拓扑心理学原理》一书中提出

动力场理论,该理论中的生活空间是指人的行为,也就是人和环境的交互作用。勒温所指的环境是指心理环境,是与人的需求相结合在人脑中实际发生影响的环境,由于人的需求的作用,使生活空间产生了动力,勒温称为引力或斥力。由于生活空间具有的动力,人的行为就沿着引力的方向向心理对象移动。

大学为伟人们提供了一个"宽松"与"紧张"适度平衡的环境。大学的环境往往会创造出一种特有的氛围。耶鲁大学模仿英国牛津大学和剑桥大学的模式,从 20 世纪 30 年代开始实行的"住宿学院"制沿袭至今,每个"住宿学院"有 300 ~ 500 名本科生,男女比例对等,配有院长和学监各 1 名。12 个"住宿学院"拥有自己的餐厅、客厅、庭院、图书馆、娱乐室等。学校希冀借此使其学生所受的教育不仅仅局限于课堂知识,而且注重在起居社交时学到做人的道理,并从中获得终身的友谊。

列别捷夫曾说,"平静的湖面,炼不出精悍的水手;安逸的环境,造不出时代的伟人。"在这个高等教育良莠不齐的时代,一所真正的一流大学所能为国家和民族乃至整个社会做出的贡献是不可估量的。

领袖素质　　　引导舆论的能力。不得不承认,所有的领袖都要有非常好的口才。他必须时刻掌握舆论导向,让思想意识统一在自己的领导方向上。在管理学中,领袖是人际角色中的一类,有着激励和指导团队成员的责任。

第一章 享誉世界的"北方哈佛"

    麦吉尔大学始建于1821年,经历了百余年的长足发展后,已经发展成为蜚声全球的一流综合性大学,被誉为"北方哈佛"。在世界各报刊以及研究机构的排行榜中,麦吉尔大学多次名列加拿大第一,世界大学排名前20。

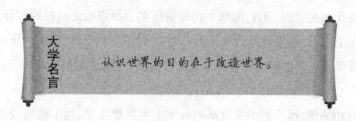

大学名言

认识世界的目的在于改造世界。

第一课　学校概述

　　麦吉尔大学(McGill University)是加拿大的一所著名大学,位于加拿大魁北克省蒙特利尔市。麦吉尔大学校园优美,古色古香的绿顶子欧式建筑与现代化楼房相互辉映,构成蒙特利尔市中心独特的景观。在加拿大,麦吉尔大学拥有很高的声誉,其研究水平享誉世界,被称为"北方哈佛"。该校于1821年成立。至2005年已有32 000余名学生。医学、文学、法学、工程、自然科学与农业是麦吉尔大学最优秀的学科。

　　麦吉尔大学不但拥有大量的国际学生,而且很多世界上的知名学者也慕名而来。建校185年来,麦吉尔大学一直是蒙特利尔的骄傲,她孕育了加拿大最伟大的思想家和科学家,其中有7位获得诺贝尔奖。当年大物理学家卢瑟福便是在麦吉尔发现了原子的结

构,使麦吉尔在欧美声名大噪。同时,麦吉尔的医学院在加拿大首屈一指,是无数学子梦寐以求的地方。麦吉尔的学术研究水平之高可与美国常春藤盟校媲美。

麦吉尔大学于2005年在麦克琳加拿大大学排行榜中与多伦多大学并列第一,并接着于2006、2007年独占鳌头。

早在19世纪,已有三所加拿大大学已经跻身世界百强,这三所大学是麦吉尔大学、西安大略大学、多伦多大学。在20世纪初叶,英属哥伦比亚大学、皇后大学、麦克马斯特大学和阿尔伯塔大学在学界取得巨大的进步,也跻身世界百强,这就是G10的前身G7。90年代,滑铁卢大学、蒙特利尔大学和拉瓦尔大学加入G7,加拿大10所科研实力最强劲的高校的领导人成立了一个组织,每年举行两次非正式聚会,讨论项目合作、资源共享、数据交换等事宜。其主席由各校领导人轮流担任,这就是"Group of Ten",又称"G10"。

到2006年,这个组织又陆续吸收了卡尔加里大学、达尔豪斯大学、渥太华大学。2011年,萨省大学和曼尼托巴大学的加入使成员增加到15个,合称"G15"。另外,自1926年以来,麦吉尔大学一直是北美大学联盟AAU (Association of American Universities)的一员(北美一共62所大学入选,加拿大仅有两所大学在此联盟中,另一所是多伦多大学)。此外,麦吉尔大学也是美国研究型大学协会URA (Universities Research Association,加拿大仅多伦多大学和麦吉尔大学入选)、世界高校联盟U21(Universitas 21)等成员。

【科研项目】

猛禽研究中心的戴维·伯德(David Bird)教授正致力于拯救濒临灭绝的食肉鸟。该研究中心有一项计划,以将游隼重新引回它们的天然栖息地。这些游隼还在蒙特利尔市中心的高层建筑上筑巢,以捕食燕八哥和鸽子,这有利于控制市区过多的燕八哥和鸽子。

麦吉尔大学授课语言为英语,地处讲英法双语的蒙特利尔市区的中心,不但拥有大量的国际学生,而且很多世界上的知名学者也慕名而来。当年著名物理学家卢瑟福曾在麦吉尔任教担任物理系主任,进行了大量研究发现放射性衰变粒子,后在曼彻斯特大学发现了原子的结构。麦吉尔大学自身有9位诺贝尔奖获得者以及多名如卢瑟福这样在麦吉尔大学任教和做过研究的诺贝尔奖得主。麦吉尔大学的国际学生比例为20%，在加拿大大学中居首位，其国际学生来自150多个国家。

【科研项目】

维托尔德·雷布金斯基（Witold Rybczynski）教授一直致力于探索对印度、中国和北美等地的城市提供廉价房屋的方法。他的专著《家庭》和《世界是最美的房屋》，曾为畅销书。

麦吉尔大学也是加拿大最难申请的大学之一，以居高不下的新生入学平均分闻名北美。尽管越来越多的申请者趋之若鹜，但麦吉尔大学一直保持一定的师生比例，控制注册学生数量和课堂大小，以保持卓越的教学质量。麦吉尔教学质量、历史声誉、人文环境媲美美国常春藤联校，而相对学费低于常春藤各校，吸引了大量美国的优秀学子，是加拿大美国学生数量最多的大学。

加拿大有两所大学曾是麦吉尔大学的分校，后来获批独立：维多利亚大学（1903年，前身麦吉尔大学BC省维多利亚学院），英属哥伦比亚大学（即UBC，前身麦吉尔大学英属哥伦比亚学院 McGill University College of British Columbia）。阿尔伯塔大学两位创始人 Alexander Cameron Rutherford 和 Henry Marshall Tory，以及多所加拿大大学创始人、校长也均为麦吉尔校友。

近20年来，由于魁北克的独立运动造成多伦多的崛起而使蒙特利尔沦为加拿大第二大城市，以致麦吉尔的发展也受到影响，曾一度落后于其强力的竞争对手多伦多大学。但麦吉尔大学在微型机器人、神经再生与功能恢复、人类疾病的遗传基础、电信研究、生存发展、国际危机行为、海洋产品等多项研究项目上仍然比常春藤联盟各校更胜一筹。麦吉尔的辉煌历史和学术上的非凡成就，使它获得了"加拿大的哈佛"之美名。长期以来，麦吉尔在欧美声誉崇高，极受推崇青睐。

其著名校友包括9位诺贝尔奖校友，133名罗德学者，3位宇航员，两位加拿大总理，11位加拿大最高法院法官，3位加拿大以外国家领导人，9位

奥斯卡金像奖得主（Academy Award），3位普利策奖得主和28位奥运会奖牌得主。

截至2012年，麦吉尔大学在QS最新2012—2013年世界大学排名中名列第18位，连续第六年保持其全球前20大学地位，加拿大第一，多伦多大学紧随其后名列19位。泰晤士高等教育世界大学2012排名中名列第三十四，加拿大第三。而在加拿大国内权威教育杂志麦考林2012年度排名里，连续八年（2005—2012）列为加拿大医学博士类大学第一名。

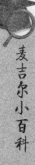

麦吉尔小百科

在麦吉尔大学读书，不但学识上有所收获，而且还能接受独特的麦吉尔文化的熏陶。学校仅各类博物馆就有7座。其中雷德帕斯博物馆是加拿大最早的自然科学博物馆之一，至今在国内仍享有盛誉；里曼昆虫博物馆则名列世界五大昆虫馆之一。在这些博物馆、图书馆中藏有大量的珍贵文献、资料、画册与实物，另有具科研价值的动植物标本无数。这些风格不同、情调迥异的展品本身就是对学生最好的教育。

26

第二课　辉煌的历史

大学名言

> 带着感恩的心启程，学会爱，爱父母、爱自己、爱朋友、爱他人。

历史渊源

詹姆士·麦吉尔（James McGill）是加拿大蒙特利尔的一个毛皮巨贾，他的兄弟姐妹都在中年便撒手人寰，这使得他感觉到强大的家族基因会使他重蹈兄弟姐妹英年早逝之路。于是1811年他便立下遗嘱，事先分配了一笔数目可观的财产。他在遗嘱中说明，将拿出1万英镑以及皇家山下的46公顷土地来兴建一所永远以他的名字命名的高等学府。麦吉尔先生的预感没有错，他两年后便与世长辞了，当时的统治者英国国王将建立学校的重任委托给了"皇家教育促进委员会"。然而好事多磨，由于筹建过程中遇到了一系列关于麦吉尔先生遗产的法律纠纷，再加上资金的严重不足，建校工作被一推再推。直到1821年，委员会才得到了英国皇家的特许状，并且象征性地任命了1名校长，聘用了4名教师。在一波三折、几经反复之后，略具雏形的麦吉尔学院终于宣告成立了。

建校之初的麦吉尔学院只是带了顶学院的"帽子"却毫不具备学院的

规模，事实上是一所不具有任何实际内容的"空心学院"。不过幸运的是经过7年的不懈努力，蒙特利尔医学院并入了该学院，并在1829年6月正式开课，由此麦吉尔学院的教学终于走上了正轨。然而，学院的经营仍然无比艰难，直到有几笔捐款汇入麦吉尔学院，才为它注入了启动资金。学院用这笔钱在皇家山下修建了人文大楼和道森大楼，可是，这个时候又出现了其他问题，由于麦吉尔校园位于蒙特利尔市北郊区，那里荒无人烟、交通十分不便，很少有人愿意来这样的地方上学。

1834年的第一学期仅接收了3个学生，到年底学生的总数也只不过增加到了20人，一所学院的规模甚至还不如乡村中学的一个班。然而，正是这最初的20名学生燃起了麦吉尔的星星之火，为其发展点燃了第一缕希望的火苗，经过几代人的薪火相传，麦吉尔大学终于成为今天的世界名校。

学校的建立

创立于1801年的皇家学术促进会及其在1816年建立的两所新皇家文法学校以两种特定方式扮演了加拿大的转折点。

首先，学校是通过《1807年区公共学校法》而创建，它们表明政府愿意提供教育费用，甚至提供校长的薪酬。第二，该法律是创建非宗派学校重要的第一步。原有的两所学校于1846年关闭；到19世纪中叶，皇家学会对由其管理的其他82所文法学校失去控制。它剩余的唯一目的是代表大学管理麦吉尔的遗赠。此后麦吉尔大学继续发展，此时其唯一目标是提供高等教育。今天皇家学会继续存在；它以法人身份管理大学和

【科研项目】

　　劳伦斯·米萨克（Lawrence Mysak）教授和他在麦大不同领域的同事们一起成立了麦吉尔气候与环球变化研究中心。他们研究造成全球环境变化的物理、生物、化学和社会——经济过程，如酸雨对森林的影响、气候变化对水力发电的影响、云对气候的效应、永久冻土与环境的关系以及物种与气候的相互作用。这些研究日益受到世界各国的重视。

其各组成机构，包括前麦克唐纳学院，蒙特利尔神经学研究所和皇家维多利亚学院。自从1852年皇家宪章修订后，皇家学会理事构成了麦吉尔大学校董会。

　　尽管拥有一个皇家宪章，但是麦吉尔大学并不活跃，直到1829年蒙特利尔医疗机构成为学院的第一个学术单位和加拿大的第一医学院。医学院在1833年授出其第一个学位——医学和外科学博士学位，它是加拿大授出的第一个医学学位。直到1843年医学院是该校唯一运作的学院，这时艺术学院开始在新建的艺术大厦和道森厅进行教学。麦吉尔大学历史上与加拿大手榴弹卫士团也有紧密的联系，詹姆斯·麦吉尔曾在此军团中担任中校。这一头衔被标记在矗立于文学院大楼前的石头上，每年护卫士兵都会在那里举行仪式以纪念阵亡将士。

　　麦吉尔大学在它近200年的历史中，为世界培育了无数精英。仅获"罗德奖"（Rhodes，罗德奖是世界上最早设立的奖学金，每年由牛津大学颁发，获奖者必须是智力和人品均超群并做出重要贡献者）的毕业生就有100多位。

【科研领域】

　　麦吉尔大学在医学领域，尤其在癌症研究、免疫学、遗传学、呼吸系统疾病和神经病学等方面均取得了很大成就。麦吉尔大学校内的科研设施很完善，生态博物馆、物理博物馆、加拿大博物馆、植物园、植物标本室都有丰富的收藏品。自然保护研究中心及热带作物研究所有着先进的装备，校内的放射实验室配有先进的同步回旋加速器。

麦吉尔大学还培养出了多位诺贝尔奖得主,其中有:

欧内斯特·卢瑟福(Ernest Rotherford):1898—1907年任麦吉尔大学麦克唐纳学院的物理学教授。从1902年起,他在麦吉尔大学化学家弗雷德里克·索迪教授的帮助下,对原子结构进行了研究,因"发现X射线下原子衰变现象及放射性物质的研究"于1908年获诺贝尔化学奖。索迪则因"对放射性物质及同位素的研究"于1921年荣获诺贝尔化学奖。他们当时使用过的一些简单手工试验设备和卢瑟福的一些个人信件现在仍保留在麦吉尔大学物理科学系和工程图书馆。

瓦尔·菲奇(Val Fitch):1943年毕业于麦吉尔大学。他与美国物理学家詹姆士·W.克罗林合作研究中性K介子的蜕变,"因发现中性K介子蜕变基本守恒定律的破坏",两人共同获得了1980年的诺贝尔物理学奖。

安德鲁·维克托·沙利(Andrew Victor Schally):1957年在麦吉尔大学获生物化学博士。他创立了放射免疫测定法,因"在脑垂体激素生产方面的发现",1977年与美国同行罗加·吉尔曼和罗乍林·耶洛分享了1977年诺贝尔生理学或医学奖。

麦吉尔小百科

　　麦吉尔大学有13座图书馆和4所专业图书馆,构成了加拿大最大的图书馆网络之一,藏书600多万册,所订期刊超过1.7万种,微缩胶卷将近1300万条。中国外交部大使馆曾向麦吉尔大学赠送大量中文书籍和珍藏古籍。麦吉尔大学以体育运动丰富多彩而著称,有各种各样的体育设施。麦吉尔大学还有各种学生团和俱乐部,学生可以在不同的俱乐部找到与自己兴趣相投的伙伴。

第三课　麦吉尔大学名人榜——欧内斯特·卢瑟福

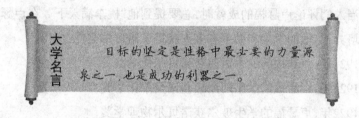

大学名言

目标的坚定是性格中最必要的力量源泉之一，也是成功的利器之一。

生平简介

欧内斯特·卢瑟福被公认为是20世纪最伟大的实验物理学家，在放射性和原子结构等方面都做出了重大的贡献。他还是最先研究核物理的人。除了理论上非常重要以外，他的发现还在很大范围内有重要的应用，如核电站、放射标志物以及运用放射性测定年代。他对世界的影响力极其重要，并正在增长，其影响还将持久保持下去。他被称为近代原子核物理学之父。

卢瑟福1871年8月30日生于新西兰纳尔逊的一个手工业工人家庭，在新西兰长大。他进入新西兰的坎特伯雷学院学习。23岁时获得了三个学位(文学学士、文学硕士、理学学士)。1895年在新西兰大学毕业后，获得英国剑桥大学的奖学金进入卡文迪许实验室，成为汤姆孙的研究生。提出了原子结构的行星模型，为原子结构的研究做出很大的贡献。1898年，在汤姆孙的推荐下，担任加拿大麦吉尔大学的物理教授并执教9

年。于1907年返回英国出任曼彻斯特大学的物理系主任。

　　1919年接替退休的汤姆孙,担任卡文迪许实验室主任。1925年当选为英国皇家学会主席。1931年受封为纳尔逊男爵,1937年10月19日因病在剑桥逝世,与牛顿和法拉第并排安葬,享年66岁。

桃李满天下

当人们评论卢瑟福的成就时,总要提到他"桃李满天下"。在卢瑟福的悉心培养下,他的学生和助手有多人获得了诺贝尔奖奖金:

1921年,卢瑟福的助手索迪获诺贝尔化学奖;

1922年,卢瑟福的学生阿斯顿获诺贝尔化学奖;

1922年,卢瑟福的学生玻尔获诺贝尔物理学奖;

1927年,卢瑟福的助手威尔逊获诺贝尔物理学奖;

1935年,卢瑟福的学生查德威克获诺贝尔物理学奖;

1948年,卢瑟福的助手布莱克特获诺贝尔物理学奖;

1951年,卢瑟福的学生科克拉夫特和瓦耳顿,共同获得诺贝尔物理学奖;

1978年,卢瑟福的学生卡皮茨获诺贝尔物理学奖。

趣闻轶事

　　卢瑟福从小家境贫寒,通过自己的刻苦努力,这个穷孩子完成了他的学业。这段艰苦求学的经历培养了卢瑟福一种认准了目标就百折不回勇往直前的精神。后来学生为他起了一个外号——鳄鱼,并把鳄鱼徽章装饰在他的实验室门口。因为鳄鱼从不回头，它张开吞食一切的大口不断前进。

1908年，卢瑟福获得该年度的诺贝尔化学奖，他对自己不是获得物理学奖感到有些意外，他风趣地说："我竟摇身一变，成为一位化学家了。"

【名人语录】

我们不得不饮食、睡眠、游玩、恋爱，也就是说，我们不得不接触生活中最甜蜜的事情，不过我们必须不屈服于这些事物。

——居里夫人

卢瑟福还是一位杰出的学科带头人，被誉为"从来没有树立过一个敌人，也从来没有失去一位朋友"的人。在他的助手和学生中，先后荣获诺贝尔奖的竟多达12人。1922年度诺贝尔物理学奖的获得者玻尔曾深情地称卢瑟福是"我的第二个父亲"。科学界中，至今还传颂着许多卢瑟福精心培养学生的小故事。

卢瑟福属于那种"性格极为外露"的人，他总是给那些见过他的人留下深刻的印象。他个子很高，声音洪亮，精力充沛，信心十足，并且极不谦虚。当他的同事评论他有不可思议的能力并总是处在科学研究的"浪尖"上时，他迅速回答道："说得很对，为什么不这样？不管怎么说，是我制造了波浪，难道不是吗？"几乎所有科学家都同意这一评价。

1895年，在农场挖土豆的卢瑟福收到了英国剑桥大学发来的通知书，通知他已被录取为大英博览会的奖学金生。卢瑟福接到通知书后扔掉挖土豆的锄头喊道："这是我挖的最后一个土豆啦！"

传记

苏格兰农民的憨厚造就了欧内斯特·卢瑟福的高尚品德。欧内斯特·卢瑟福祖籍苏格兰，祖辈皆务农，1871年8月30日欧内斯特·卢瑟福出生了。卢瑟福兄弟姐妹一共12人，他排行老四。

自然是美丽的，农村的生活是

艰苦的。12个兄弟姐妹的生计全靠父母的劳作。卢瑟福的父亲作过车轮工匠、木工和农民,他不停地劳动,再加上母亲作小学教师的收入养活这样一个庞大家庭是非常吃力的。卢瑟福的兄弟姐妹从小就知道生活的艰难,无须什么教育,他们都已知道要想生活得好一点就得自己动手、动脑去创造,需要踏踏实实地做事。春天耕地、播种,秋天收割庄稼都是全家出动:每一个成员都要分担一些责任,卢瑟福通常都去干农场里的一些杂务像劈柴、帮忙挤牛奶以充当差使等。全家人在劳动中互相帮助、团结协作,很少发生争吵。劳动成果作为全家收获的一部分,谁也不会据为己有。卢瑟福在这种家庭中成长起来,养成了相互协作、尊重别人的良好品质。后来卢瑟福成名之后,他的这种品质仍然保留着。他被科学界誉为"从来没有树立过一个敌人,也从来没有失去过一个朋友"的人。在他的助手和学生中,先后获诺贝尔奖的竟多达9人。

俄罗斯物理学家、1978年诺贝尔物理学奖获得者卡皮查,曾在卢瑟福领导下工作了14年。卡皮查是个能干而很有思想的年轻人,卢瑟福很喜欢这个年轻人,两人情同父子。卢瑟福专门建立一个叫蒙德的实验室用于研究强磁场,任命卡皮查为实验室主任。卡皮查在实验室的墙上雕了一条大鳄鱼,因为卡皮查非常敬重卢瑟福勇往直前,不怕困难的精神,而在英国"鳄鱼"一词就含有这种意思。在背后卡皮查经常把卢瑟福叫作"鳄鱼",师徒之间就用这种玩笑来表示敬重和亲密无间。

但是,1934年秋,卡皮查回国探亲时被苏联政府留在国内不许他再回英国了。没有实验室,卡皮查的才能就发挥不出来,一连3年卡皮查无事可做。卢瑟福决心帮助卡皮查,他利用自己的威望说服了苏、英两国政府,把蒙德实验室的全部设备和仪器从英国搬到莫斯科,并派一名得力助手帮助卡皮查安装。卢瑟福就是这样帮助别人的。

1937年,卢瑟福去世时,卡皮查万分悲痛。他在一篇悼念的文章中写道:"卢瑟

【名人语录】

　　涓滴之水终可磨损大石,不是由于它力量大,而是由于昼夜不舍的滴坠。只有勤奋不懈的努力才能够获得那些技巧,因此,我们可以确切地说:不积跬步,无以至千里。

　　　　　　　　　　——贝多芬

福不仅是一位伟大的科学家，而且也是一位伟大的导师，在他的实验室中培养出如此众多杰出物理学家，恐怕没有一位同时代的科学家能与卢瑟福相比。科学史告诉我们，一位杰出的科学家不一定是一位伟人，而一位伟大的导师则必须是伟人。"而这位伟人的伟大品格就是在苏格兰的农舍中培育出来的。

父亲的心灵手巧，母亲的乐观向上、勤劳、朴实是卢瑟福的榜样。卢瑟福的父亲是一个聪明又肯动脑子的人，他勤奋又有创造性。在开办亚麻厂时，他试验用几种不同的方法浸渍亚麻利用水力去驱动机器，选用本地的优良品种，结果他的产品被认为是新西兰最好的一类。他还设计过一些能提高工作效率的装置。

卢瑟福在父亲的潜移默化的熏陶下，也喜欢动手动脑，显示出他非同寻常的创造天赋。他家里有一个用了多年的钟，经常停摆，很耽误事，大家都认为无法修理了。但是卢瑟福却不肯轻易把它丢掉，他把旧钟拆开，把每一个零件重新调整到位，清理钟内多年的油泥，重新装好。结果，不仅修好了，而且还走得很准。当时照相机还是比较贵重的商品，卢瑟福竟然自己动手制作起来。他买来几个透镜，七拼八凑居然制成了一台照相机。

他自己拍摄自己冲洗，成了一个小摄影迷。卢瑟福这种自己动手制作、修理的本领，对他后来的科学研究工作极为有用。在很多场合显得高人一筹。

当卢瑟福远渡重洋到英国从事研究工作取得了一些成绩后，他应邀到英国学术协会作报告，正当他以实验来证明自己的说法时，仪器突然出了故障。卢瑟福不慌不忙地抬起头来，对观众说："出了一点小毛病，请大家休息5分钟，散

【名人语录】

　　一个人在科学探索的道路上,走过弯路,犯过错误,并不是坏事,更不是什么耻辱,要在实践中勇于承认和改正错误。

——爱因斯坦

散步或抽支香烟,你们回来时仪器就可以恢复正常了。"果然几分钟后又能看他的实验了。没有多年培养起来的动手能力和经验是很难有这样的自信心的。当时在场的一位一流物理学家对此颇有感慨:"这位年轻人(指卢瑟福)的前程将是无比远大的。"

　　卢瑟福的母亲出身于知识家庭,她的父亲是一位很有才能的数学家,母亲也是一位教师。

　　作为教师的母亲对孩子们的教育起着关键的作用。她的一举一动始终影响着孩子们的情绪。所以在生活的重负面前,她始终都保持乐观的态度任劳任怨,以自己对待生活中困难的态度教育孩子们,正是这种行动的教育使得卢瑟福始终保持刻苦学习和热爱劳动的本色。即使在成名之后,仍然保持着这种纯朴的本色。难怪有的记者在采访他之后称,卢瑟福除了那双充满智慧的眼睛之外,其余的地方和典型的农民几乎没有什么区别。

　　幼年的卢瑟福与他的兄弟姐妹没有什么太明显的区别。如果说有什么不同之处,那就是他喜欢思考、喜欢读书。

　　在卢瑟福一生中曾起过重要作用的一本书,便是他10岁的时候从他母亲那儿得到的由曼彻斯特大学教授巴尔佛·司徒华写的教科书《物理学入门》,这本书开始把他引上研究科学的道路。这本书不仅给读者一些知识,为了训练智力,书中还描述了一系列简单的实验过程。卢瑟福为书中的内容所吸引并从中悟出了一些道理。即从简单的实验中探索出重要的自然规律,这些对卢瑟福一生的研究工作都产生了重大的影响。读完书之后,卢瑟福将自己的年龄和名字歪歪斜斜地写在书页上,那时他差1个月满11岁,推算起来是1882年7月。卢瑟福的母亲一直珍藏着这本教科书,并且常常自豪地捧着这本书向孩子讲述当年的故事。特别值得一提的是《物理学入门》一书的作者恰巧是汤姆孙在曼彻斯特时的老师,而汤姆孙又是卢瑟福在剑桥大学读研究生的导师。

读书和思考一直伴随着卢瑟福一生。他成为一个硕果累累的大科学家之后，仍然很重视读书和思考。有一天深夜，卢瑟福看到实验室亮着灯，就推门进去，看见一个学生在那里，问道："这么晚了，你还在干什么？"学生回答说："我在工作。"当他得知学生从早到晚都在工作时，很不满意地反问："那你什么时间思考问题呢？"

靠奖学金读书的孩子

卢瑟福5岁时上了泉林村小学，他的母亲和外祖母都曾在此任教，后来由于家庭搬迁，他又转学到福克斯希尔村小学。

卢瑟福的父母很重视子女的教育，尽管家庭收入仅够糊口，还是要供他读书。为此一家人节衣缩食，在生活上非常刻苦，一直供他念完大学。许多年后，在一个很隆重的宴会上，卢瑟福十分感慨地说："如果不是我的父亲和母亲，我永远也不会有今天的成绩。"

由于家庭的收入有限，相当一部分学费要靠自己来解决。上小学的时候，卢瑟福就利用暑假参加劳动。兄弟几人一个假期就赚了13英镑。这些钱差不多够一个学期的学费了。卢瑟福深深地理解父母的困难。他知道，要想上学就要靠自己劳动挣钱，后来他听说学习成绩优秀就可以得到奖学金，就更加努力学习。他学习的时候特别专

【名人语录】

我们的理想应该是高尚的。我们不能登上顶峰，但可以爬上半山腰，这总比待在平地上要好得多。如果我们的内心为爱的光辉所照亮，我们面前又有理想，那么就不会有战胜不了的困难。

——普列姆昌德

心致志,即使有人用书本敲他的脑袋也不会分散他的注意力。

离开小学之后,卢瑟福大部分的学费要靠奖学金了,他参加了竞争一项州政府奖学金的考试,获得奖学金就可以进入纳尔逊学院读书,可以免交学费并提供食宿,结果卢瑟福以580分(满分600分)的成绩赢得了这项奖学金。在纳尔逊学院学习期间,他获得了很多奖励并在最后一年获得进入新西兰大学深造的奖学金。在获奖的10人中,他名列第4名。

进入新西兰大学坎特伯雷学院之后,卢瑟福更加努力学习,他的数学和物理成绩都是名列前茅。

由于学习成绩优秀,大学毕业时卢瑟福获得了文学学士、理科学士和硕士学位,要想挣钱养家已经是足够了,但是卢瑟福决心在科学研究中取得更大的成绩。在校学习的时候他已经申请了进入剑桥深造的奖学金,因为该项奖学金是隔年一次的,所以他大学毕业后又在学校里继续研究一年。

卢瑟福申请的是大英博览会奖学金,它是由1851年在英国伦敦海德公园水晶宫举办的国际博览会所赚来的钱设立的奖学金。这项奖学金的目的是授予学习成绩特别出色,具有培养前途的学生,使他们能够进入久享盛名的英国高等学府深造。凡属英联邦国家的学生,都有机会获得这笔奖学金。

卢瑟福参加了这项考试,结果卢瑟福和一个叫麦克劳林的人都具备了录取条件,但名额只有一个。基金委员会经过争论决定把奖学金授予麦克劳林。卢瑟福只好回家等待以后的机会了。1895年4月的一天,卢瑟福正在菜园里挖马铃薯。母亲高兴地向菜园跑去,手里拿着电报纸,并在空中不断摇动，用劲地叫喊："你取上啦！你取上啦！"卢瑟福不明白母亲在干什么，"谁取上了？取上什么了？"卢瑟福不解地问道。等他看到了电报才明白，基金委员会改变了主意把这项奖学金授予他了。他立即扔下手中的铁锹，高兴得跳起来："这是我挖的最后一个土豆啦！"

原来情况发生了变化，麦克劳林已经结婚，而基金会所给的奖学金无论如何也不能养活两个人，麦克劳林决定留在新西兰。

这年9月，卢瑟福筹借了路费，告别了双亲，登上了开往英国的客轮，开始了他献身科学的航程。1898年，卢瑟福被指派担任加拿大麦吉尔大学物理系主任，在那里的工作使他获得了1908年的诺贝尔化学奖。他证明了放射性是原子的自然衰变。但他不是很高兴，因为他自认为是物理学家而非化学家。他的一句名言是，"科学只有物理一个学科，其他不过相当于集邮活动而已"。他注意到在一个放射性物质样本里，一半的样本衰变的时间几乎是不变的，这就是该物质的"半衰期"，并且他还就此现象建立了一个实用的方法，以物质半衰期作为时钟来检测地球的年龄，结果证明地球要比大多数科学家认为的老得多。

1909年，卢瑟福在英国曼彻斯特大学同他的学生 Marsden 用 α 粒子撞击一片薄金箔，他发现大部分的粒子都能通过金箔，只有极少数会跳回。他笑说这是海军用15吋巨炮射击一张纸，但炮弹却会被弹回而打到自己。最后他提出了一个类似于太阳系行星系统的原子模型，认为原子空间大都是空的，电子像

行星围绕原子核旋转,推翻了当时所使用的梅子布丁原子模型。1911年3月,卢瑟福在曼彻斯特文学与哲学学会的会议上宣布他的意外发现,同年5月,他将论文发表于《哲学杂志》。

1919年,汤姆孙在升任三一学院院长时,推荐卢瑟福回到剑桥大学出任卡文迪许实验室的主任,在那里他培育出了大批诺贝尔奖得主,他的学生有丹麦的波尔(N. H. D. Bohr)、德国的哈恩、新西兰的马斯顿、苏联的卡皮查(P.L. Kapitsa)、澳大利亚的奥立芬特以及英国的乍得威克和考克饶夫(J.P.Cockcroft)等9位诺贝尔奖得主。卢瑟福是一位伟大的导师,1933年他的学生狄拉克与薛定谔共同获得诺贝尔物理奖。狄拉克却对卢瑟福说他不想出名,他想拒绝这个荣誉。卢瑟福对他说:"如果你这样做,你会更出名,人家更要来麻烦你。"

无尽的能源

1952年11月1日,太平洋,马绍尔群岛,艾尼维塔克珊瑚礁。人类历史上威力最大的一颗炸弹在这里爆炸,将一个珊瑚礁岛从地图上永远地抹去。那颗炸弹重达70吨,但是却放出了相当于1040万吨TNT炸药爆炸的能量,是第二次世界大战中投到长崎那颗原子弹的450倍。这就是氢弹。历史上第一次,人类在地球上制造出了太阳。

氢弹瞬间释放出的巨大能量,只会让人们感到这种终极战争武器的恐怖;而54年之后的2006年,七个国家和地区联合起来试图将氢弹的威力缓缓释放的实验,将可能消灭由于能源而引发的战争。这是历史上耗资最高的科研项目之一,现在正在法国一处风景优美的景区建设当中。它在未来十年内将开始一系列实验,并且很可能会在2050年之前,供给我们近乎无限、成本接近于零的电能。

科幻般的核聚变发电,离我们已经不再遥远。

让我们将时间拉回到20世纪的这个

【名人语录】

成功并不能用一个人达到什么地位来衡量,而是依据他在迈向成功的过程中,到底克服了多少困难和障碍。

——布克·华盛顿

时候。当时,英国物理学家欧内斯特·卢瑟福(Ernest Rutherford)刚刚获得了诺贝尔化学奖,因为他证明了放射性是原子自然衰变的结果。没有获得诺贝尔物理学奖让卢瑟福不太满意,但是他依然继续自己的研究,其中一项就是那个后来被称为"物理最美实验之一"的α粒子散射实验。在曼彻斯特大学进行的这个实验使用放射性元素射出的α粒子——也就是氦原子核——去轰击一片金箔,然后根据α粒子打在荧光屏上的位置来判断它们的路径。卢瑟福和他的研究团队发现,绝大部分α粒子并没有改变路径,像一枚炮弹打穿纸片般直直向前撞击在荧光屏上发光;少数α粒子出现了一定程度的偏转,但是还有极少量的α粒子偏转角度极大,甚至掉头而去。这一现象让卢瑟福开始思考,他认为原子中应该会有一个很小的核,但是占了原子绝大部分的质量。

这种设想与传统认为的原子结构并不相同。在当时,人们对于原子的结构有两种主要看法:一种是英国物理学家约瑟夫·约翰·汤姆孙(Joseph John Thomson)提出的模型,认为原子是一个半径约0.1纳米的球体,正电荷均匀地分布于整个球体,电子则像葡萄干镶嵌在面包上一样,稀疏地嵌在球体中;另一种是日本物理学家长冈半太郎(Nagaoka Hantaro)提出的模型,他认为带负电的电子不能与正电荷混合起来,因此在他的模型中,电子均匀地分布在一个环上,环中心是一个具有大质量的带正电的球,像是土星的模样。

1912年,卢瑟福发表了他的成果,以α粒子散射实验的结果来辅以证明。他认为,原子核居于原子中央,直径大约是原子直径的万分之一,体积只相当于原子体积的万亿分之一。也就是说,如果说原子的直径有一个足

球场那么大,原子核的大小大约只相当于球场中央的一粒玻璃跳棋,而它却占据了原子绝大部分的质量。这是我们目前依然使用的原子模型,虽然后来又有了一些变化,但是原子核依然是紧密的那一个小点。

　　在卢瑟福的时代,人们只知道重原子会因为不稳定而裂变,却不知道最稳定的元素并非具有最轻的原子。核聚变的理论基础,由1922年诺贝尔化学奖获得者,同是英国人的物理学家兼化学家弗朗西斯·威廉·阿斯顿(Francis William Aston)发现。

　　1925年,借助自己发明的质谱仪,阿斯顿发现在任何原子中,原子核的质量都要比组成该原子核的所有质子和中子的质量总和要少一点。这种现象叫作"质量亏损",是因为质子和中子在结合成原子核时,部分质量转变成了结合能。铁这样的中等质量原子核核子的平均结合能较大,它们比较稳定;而重元素原子核的平均结合能较小。

根据爱因斯坦那个著名的质能方程,重原子核在分裂成中等质量的原子核时,将会有一部分结合能释放出来,这种就是核裂变;而氢这样的轻原子,其核子结合能甚至比一些重元素更大,某些轻核结合成质量较大的原子核时将能放出更多的结合能。这就是核聚变。

　　但是,要让轻原子核之间结合并不容易。所有的原子核都带正电,彼此之间受到被叫作"库仑力"的静电力作用。库仑力让原子核相互排斥,而且原子核之间的距离越近,斥力越强。就像是将两块磁铁的同一极相对一样,彼此之间的斥力让原子核在日常环境下没有办法结合在一起。在过去,只有像太阳那样的恒星,才会提供足够的压力和温度,将轻原子核压到相当靠近的程度。

有趣的是,质子同样带正电荷,但是多颗质子却可以在一个原子核中共存,似乎不会受到库仑力的影响。之所以出现这种情况,是因为在原子核中还存在一种更强的、被称为"核力"的吸引力。核力能够发挥的距离有限,仅仅在原子核这样的微小尺度上才会表现出来。

当原子核之间距离越来越近时,库仑力所带来的斥力将会突然败给核力,两颗离得很近的原子核突然合体,华丽变身为一种新的元素,同时放出大量的能量和核子。我们要利用的,就是这些能量。

传奇诞生

同等质量的轻元素聚变产生的能量比重元素裂变放出的能量大得多,而产生的辐射也少得多。对环境保护的考虑也是人们努力发展核聚变技术的原因之一,虽然它还及不上对能源的需求。化石能源的逐渐耗竭已经是人所共知的事实,而风能、太阳能等可再生能源在目前来看,也无法完全满足人们对能源的渴求。核聚变发电是能源的明日之星。

宇宙中最轻的元素是氢,它的原子核只有一个质子。它的两种同位素氘和氚,虽然也都只有一个质子,但是却分别拥有一个和两个中子。核聚变主要依靠的就是这两种同位素。

在某些情况下,当两颗氘原子核结合时,将会变成一个氚原子核,放出一个质子和3.03兆电子伏特的能量;另一些情况下,将会变成有两个质子和一个中子的氦3原子核,放出一个中子和2.45兆电子伏特的能量。而氘原子核和氚原子核结合,将会产生一个氦4原子核,放出一个中子以及14.06兆电子伏特的能量,而氘原子核和氦3原子核结合,会成为一个氦4原子核,放出一个质子和14.67兆电子伏特的能量。我们现在谈到的核聚变,就是指这四种反应。

核聚变的原材料很容易找——地球上氘的含量并不算少,每一万个氢原子中

【经典语录】
别因为落入了一根牛毛就把一锅奶油泼掉,别因为犯了一点错误就把一生的事业扔掉。

就有一个是氘原子。在最好的情况下，每升海水中的氘聚变能够放出的能量，相当于燃烧300升汽油；而一个百万千瓦的核聚变电厂，每年只需要600千克原料，但一个同样规模的火电厂，每年将需要210万吨燃料煤。

虽然氚在地球上并不存在，但是我们可以通过用中子轰击锂元素的方法来制造它。氦3是目前最理想的核聚变原料，虽然在地球上也找不到，但是在我们举目可及之处却大量存在——在月球、土星和火星上，氦3的含量足够人们随心所欲地挥霍数十万年。

现在的我们，就像是站在四十大盗藏宝洞之前的阿里巴巴，唯一所缺乏的，就是一句开门的咒语。幸好，我们已经快要猜到那句咒语，一段传奇，即将在眼前展开。

璀璨的双星

我们知道，在地球上看到的物质，绝大部分以三种状态存在：固态、液态和气态。这三种状态会因为温度的不同而相互转化，当气体的温度再升高时，将会转变为一种新的物质形态：等离子态。在宇宙中，等离子态是物质最常见的形态，其质量大约占了整个宇宙可见物质质量的99%以上。在等离子态中，原子将被打破，原子核和电子将会彼此分离。只有在这种状态下，核聚变才会发生。在高温高压下，太阳的核心数十亿年来一直在发生这样的聚变反应，将轻元素转化为较重的元素，将大量的质量变成光和热洒向宇宙空间。

但是，太阳中心的温度高达1 500万℃，压力巨大得难以想象。在这种情况下，原子核的运动

【名人语录】

危险、怀疑和否定之海，围绕着人们小小的岛屿，而信念则鞭策人，使人勇敢面对未知的前途。

——泰戈尔

能力才会够强,强到足以冲破彼此之间库仑力的巨大阻碍。而如果要控制核聚变能量缓缓地释放,压力并不能太高,以免同时进行的聚变反应过多而失控。压力降低,则要求温度升高。受控核聚变的温度要求高得惊人,往往需要上亿摄氏度高温才行。很明显,在地球上并没有任何固体物质能够经受这样的高温。如何获得这样的温度以及如何在这样的高温下控制原子核,是受控核聚变需要解决的两个主要问题。

上亿摄氏度的高温,没有办法通过常规的方式获得。现在人们使用电磁波来对等离子体加热,例如使用微波或者激光;而对高温等离子体的控制,也有两种常用方法:磁约束或者惯性约束——等离子体中那些带正电的原子核和带负电的电子,可以容易地通过电磁场分离开来。也正是因为这样的特性,人们开始尝试使用电磁场来束缚这些高温的等离子体,将它控制在我们所希望的区域之内。

1938年,美国首先提出了使用磁场束缚高温等离子体的思路,但是在这方面首先成功的却是苏联。1954年,莫斯科的库尔恰托夫研究所制成了第一个这类装置,命名为托卡马克(Tokamak)。这是个生造的词,来自环形(toroidal)、真空室(kamera)、磁(magnit)、线圈(kotushka))四个词的拼合。它的主体是一个甜甜圈形状的真空室,外面布满了线圈用以产生磁场。当线圈通电后,将会在真空室内产生强烈的磁场,从而束缚住带正电的高温等离子体,并且与外界尽可能地绝热。在1958年的"和平利用原子能"会议上公开托卡马克装置后,各国纷纷仿效,建立起自己的托卡马克装置。1968年,苏联的T-3托卡马克获得了远远超过其他设备的性能,更进一步奠定了这种装置广泛使用的基础。从20世纪70年代开始,在国际

联合开发核聚变的协议下，这个领域理论和实践发展的速度，只有微处理器行业可以与之相比。现在托卡马克装置的理论已经较为成熟，更大规模的实验也正在酝酿当中。

托卡马克采用微波加热，而采用激光加热的核聚变装置大都属于"惯性约束装置"范畴。2009年5月29日，美国国家点火装置（NIF，National Ignition Facility）正式落成，这是世界上最大的点火装置，能够将192束激光聚焦于一点，瞬间放出两兆焦耳的能量。这些激光的靶点，则是一个直径只有两毫米的金属空心小球，其中装满了氢的同位素。

这个小球是人类能够制造出来的形状最完美的球体之一。当192束激光同时击中这个小球时，金属外壳将会瞬间蒸发，产生的反作用力将填充的氢同位素瞬间加温加压到如同在太阳核心的程度，产生一个持续了十亿分之五秒的小太阳，同时放出多得难以想象的能量。这是另一种产生受控核聚变的方式，虽然目前看起来还不太成熟——如果要产生持续的能量供应，需要每秒钟引爆十颗左右的小球，但是目前每天只能引爆一颗。但是这不用担心，技术发展总比我们想象中要来得快得多。

终极实验

在法国南部那个风景秀丽的旅游区卡达拉舍（Cadarache），ITER正在建设当中。这个全称为"国际热核聚变实验反应堆"（International Thermonuclear Experimental Reactor）的装置，到目前为止世界上耗资最高的科研项目之一。2006年，欧盟、中国、美国、日本、韩国、俄罗斯和印度七方合作签订了ITER实施协定，试图以12年的时间和上百亿美元的投入，将利用无尽的核聚变能源的梦想变成现实。

ITER的核心是历史上最大的托卡马克装置，由超过1万吨的特殊合金制造成的超导线圈来提供磁场约束，以此来进行氘氚聚变反应。聚变反

应释放出的不带电的中子，将携带着恐怖的高能量离开磁场，将能量传递给厚重的钢板和其中紧密排列的水管，而这些加热过的水，将驱动发电机发电。

在官方目标中，ITER是要"证明聚变能源的科学和工程上的可行性"。这个目标有几层含义，其中最重要的是要产生的能量比输入的能量更多。目前世界上最大的托卡马克装置是欧洲的JET，但是即使是它，产出与输入的能量之比也只有0.65，输出小于输入。ITER的目标是输出能量达到输入能量的10倍，或者在稳定能量输出的情况下，输出比输入高出4倍。

建成后的ITER将会容纳840立方米的高温等离子气体，携带着15兆安培的电流，在5.3特斯拉的强磁场中进行聚变反应，功率达到500兆瓦，稳定反应的持续时间多于6分钟。这些数据，也许正能弥补我们和大规模核聚变发电之间那缺失的一环。

也许在未来的20年内，我们可以看到核聚变发电的曙光。在更远一点的时间，我们将会获得可以真正有价值的核聚变电站。这种能源比我们现在所使用的大多数能源都要清洁得多，成本将会低到接近于零的程度，而我们将会获得前所未有的富足的能源。再加上现在已经很有希望的远程供电技术，也许我们将会将电线这种东西送进博物馆。

重大贡献

1. 卢瑟福关于放射性的研究确立

【名人语录】

如果只有火才能唤醒沉睡的欧洲，那么我宁愿自己被烧死，让从我的火刑堆上发出的光照亮这漫长的黑夜，打开那些紧闭的眼睛，将人类引进光明的真理的殿堂。

——布鲁诺

了放射性是发自原子内部的变化。放射性能使一种原子改变成另一种原子，而这是一般物理和化学变化所达不到的；这一发现打破了元素不会变化的传统观念，使人们对物质结构的研究进入到原子内部这一新的层次，为开辟一个新的科学领域——原子物理学做了开创性的工作。

2.1911年，卢瑟福根据α粒子散射实验现象提出原子核式结构模型。该实验被评为"物理最美实验"之一。

3.1919年质子的发现，卢瑟福做了用α粒子轰击氮核的实验。他从氮核中打出的一种粒子，并测定了它的电荷与质量，它的电荷量为一个单位，质量也为一个单位，卢瑟福将之命名为质子。

4.他通过α粒子为物质所散射的研究，无可辩驳地论证了原子的核模型，因而一举把原子结构的研究引上了正确的轨道，于是他被誉为原子物理学之父。由于电子轨道也就是原子结构的稳定性和经典电动力学的矛盾，才导致玻尔提出背离经典物理学的革命性的量子假设，成为量子力学的先驱。

5.人工核反应的实现是卢瑟福的另一项重大贡献。自从元素的放射性衰变被确证以后,人们一直试图用各种手段,如用电弧放电,来实现元素的人工衰变,而只有卢瑟福找到了实现这种衰变的正确途径。这种用粒子或γ射线轰击原子核来引起核反应的方法,很快就成为人们研究原子核和应用核技术的重要手段。在卢瑟福的晚年,他已能在实验室中用人工加速的粒子来引起核反应。

麦吉尔小百科

　　麦吉尔大学授课语言为英语,地处讲英法双语的蒙特利尔市区的中心,不但拥有大量的国际学生,而且很多世界上的知名学者也慕名而来。当年著名物理学家卢瑟福曾在麦吉尔任教担任物理系主任,进行了大量研究发现放射性衰变粒子,后在曼彻斯特大学发现了原子的结构。麦吉尔大学有多位诺贝尔奖获得者以及多名如卢瑟福这样在麦吉尔大学任教和做过研究的诺贝尔奖得主。麦吉尔大学的国际学生比例为20%,在加拿大大学中居首位,其国际学生来自150多个国家。

第二章　校园特色文化

在麦吉尔大学读书,不但学识上有所收获,而且还能接受独特的麦吉尔文化的熏陶。学校仅各类博物馆就有7座。麦吉尔大学还有各种学生团和俱乐部,学生可以在不同的俱乐部找到与自己兴趣相投的伙伴。

麦吉尔大学
MAI JI ER DA XUE

第一课　独特的人文景观

大学名言

当世界给草籽重压时，它总会用自己的
方法破土而出。

经过180多年的发展，麦吉尔大学已成为一所实力雄厚的私立大学。古色古香的欧式建筑与现代化楼房相互辉映，构成了蒙特利尔市中心独特的景观。

如今的麦吉尔大学不但拥有大量的国际学生，而且很多世界上的知名学者也慕名而来。当年大物理学家卢瑟福便是在麦吉尔发现了原子的结构，使麦吉尔在欧美声名大噪。

同时，麦吉尔的医学院在加拿大也首屈一指，是无数学子梦寐以求的地方。麦吉尔的学术研究水平之高可与美国常春藤盟校媲美。

然而，近20年来，由于魁北克的独立运动造成多伦多

的崛起,而使蒙特利尔"沦"为加拿大第二大城市,麦吉尔的发展也深受影响。不过麦吉尔的辉煌历史和学术上的非凡成就,使它长期以来获得了"加拿大的哈佛"之美名。

如今麦吉尔大学是魁北克唯一一所能与多伦多大学、不列颠哥伦比亚大学相提并论的大学。建校180多年来,麦吉尔大学一直是蒙特利尔的骄傲,她孕育了加拿大许多伟大的思想家和科学家。

主校区是在蒙特利尔市中心的皇家山脚下32公顷的范围内。第二校园即麦克唐纳校园,坐落在6.5平方千米的范围内,在市中心校园以西30千米(19英里)的圣安德贝尔维。麦吉尔大学拥有23个学部和学院,提供包括医学和法律在内的超过300个研究领域的学位和文凭。虽然教学语言是英语,但是学生有权提出任何英语或法语的分级工作,除非学习一门特定语言作为课程目标。约34 000名学生加入麦吉尔大学,而国际学生占麦吉尔大学学生的1/5。

麦吉尔大学一共有21个院系学院,分为10专业(Faculties)和11个(schools),提供超过340个本科学术项目和超过250个博士点和硕士项目。麦吉尔大学以世界顶尖的医学、法学、文科和理科专业著名,并为学生提供了广泛的课程学习。

此外,麦大还有3个附属学院:蒙特利尔教区神学院、美国加拿大联合神学院和蒙特利尔长老会学院。皇家维多利亚校区(Royal Victoria School)是一所合并到麦大的非教学性学院,专为女生提供膳宿。成立于1956年的麦吉尔行政研究中心为公司、政府、非营利机构等提供相关研讨会和可订制的行政管理教育。

【名人语录】

　　不存在的事物可以想象,也可以虚构,但只有真实的东西才能够被发明。

　　　　　　　　——罗斯金

麦吉尔大学有超过75个研究中心,在世界范围内从事一系列广泛的研究合作。

麦吉尔大学的医学院在加拿大首屈一指,是无数学子梦寐以求的地方,美国著名的约翰霍普金森大学医学院的创立者之一威廉奥斯勒即从麦吉尔大学医学院毕业,中国民众熟悉的白求恩大夫也曾在麦吉尔大学附属医院实习、研究和工作,多名医学家在此研究获得重大成果获诺贝尔生理学奖或医学奖;其法学院是加拿大为数不多的同时研究、教授西方两大法系普通法和民法的学院,在北美独树一帜。

麦克唐纳校区是麦大的分校,内有麦大农业与环境科学学院和营养学院。该学院位于蒙特利尔以西32千米的圣安德贝尔维,有摩根植物园、莱曼昆虫学博物馆、麦吉尔植物标本馆、构架研究所,寄生虫学研究所以及大片温室和林区。

麦吉尔大学校内的科研设施很完善,生态博物馆、物理博物馆、加拿大博物馆、植物园、植物标本室都有丰富的收藏品。该校每个院系设有各自独立的图书馆,一共有13座图书馆分布在校园里。

校园里有一个活跃的学生会,由本科生代表协会和麦吉尔大学的研究生协会。由于博士后人数众多,研究生协会也包含了一个半自治协会(APF)的博士后研究员协会。此外,每个学院都有自己的学生理事机构。大学有数以百计的俱乐部和学生组织点。其中许多是围绕着麦吉尔大学的学生会大楼、大学生中心。

麦吉尔大学有两份学生主办的英语报纸:《麦吉尔日报》和《麦吉尔讲坛》,这两者都是财政独立的出版物。《麦吉尔日报》于1911年首次出版。《麦吉尔日报》目前每周出版两次。《麦吉尔外交评论》是学生主办的有关国际事务的杂志。自1988年以来,《红鲱鱼》已是麦吉尔大学的主要讽刺杂志。由学生主办的3份杂志,

【经典语录】

在没有得到任何证据的情况下是不能进行推理的,那样的话,只能是误入歧途。世上的事都是前人做过的,没什么新鲜的。

其中包括成立于1952年世界著名的《麦吉尔大学法学》杂志源于麦吉尔大学法学院。

自1972年以来麦吉尔大学有一个学生社团支持同性恋、双性恋和变性的学生。该社团最初名为"同性恋麦吉尔",为更好地确认其成员的多样性,1998年更名为"同性恋者麦吉尔"。同性恋者麦吉尔支持麦吉尔社区学生和非学生成员。在2002年其成员超过400个。

在麦吉尔大学,学生组织以各种方式获得了国际认可。许多大型组织和非政府组织在校园均有存在。麦吉尔国际关系学生协会目前在联合国经济及社会理事会(经社理事会)和联合国教育、科学及文化组织(教科文组织)拥有咨询地位。

麦吉尔大学的校徽是来自大学的创办者詹姆士·麦吉尔在其一生中所获得的勋章。大学的纹章专利于1922年由英国的纹章院长授予。校徽由盾牌和卷轴两部分组成。麦吉尔大学出版了大学校徽和校训的使用指南。麦吉尔大学的校训是"Grandescunt Aucta Labore",意思是辛勤耕耘,必有收获。大学的象征是无足鸟,起源于大学校徽上所展示的神鸟。学校的官方色彩是红色和白色。学校官方校歌是《万岁,母校》。

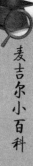

麦吉尔小百科

　　麦吉尔大学和哈佛大学也保持历史的恩恩怨怨,所代表的两年一度的哈佛-麦吉尔大学橄榄球比赛在蒙特利尔和剑桥交替举行。北美橄榄球制度也被认为是起源于麦吉尔和哈佛。麦吉尔大学往往被视为是加拿大的哈佛,在20世纪60年代前,麦吉尔的确在北美与哈佛齐名。例如在美国著名的"辛普森一家"中,麦吉尔大学被提到,称为"加拿大的哈佛"。

第二课　浓厚的文化氛围

大学名言

不要轻易用过去来衡量生活的幸与不幸。每个人的生命都是可以绽放美丽,只要你珍惜。

在麦吉尔大学读书,有良师益友切磋交流,有课堂内外的悉心讲授,不但可以获得知识开启心智,而且还能享受具有麦吉尔独特个性文化的熏陶。麦吉尔大学以医学著称,致力于培养兴趣广博又钻研精深的人才。为了培养学生广泛的兴趣,使其既有深厚的人文修养,又有过硬的专业素养,学校仅各类博物馆就有7座。

人类最可怕的敌人是时间,这里却让时间停住了脚步。麦吉尔的人文气息如此之浓,这也就难怪加拿大最著名的诗人与作家有一多半出自该校了。

麦吉尔大学的国际学生人数居全加拿大之首。他们来自155个国家,占全部学生人数的19%。

为了便于外国学生在该校深造,麦吉尔大学设有英语入学班,专为从非英语国家来的高中毕业生或高中在校生(需年满18周岁)而准备。它从初级到高级分为6级,入学时按实际水平定级。在完成了第5级并取得了75分以上的成绩后,即可获得麦吉尔大学的英语水平证书,进入本科学位课

程学习。

麦吉尔大学对外学术交流很活跃，与世界上众多国家与地区有学术往来，与魁北克其他大学有学分转换协议。每年，很多科学、政治、文学及社会运动领域的杰出人物会到麦吉尔大学演讲。

1989年，在加拿大蒙特利尔的白求恩广场上，巍然矗起了由中国雕塑家司徒杰教授创作的白求恩大夫的巨大汉白玉雕像。

1932年，白求恩来到了麦吉尔大学，在皇家维多利亚医院以及医学系从事科研与教学工作，直至1936年离开加拿大，奔赴西班牙内战前线。他后来又来到了中国，并为中国人民的正义事业献出了自己的生命。白求恩对于共产主义的信仰，也是在这血与火的图景中逐渐坚定起来的。

中国现代地球物理学家傅承义也是麦吉尔大学的校友。他1933年毕业于清华大学物理系。1940年赴加拿大留学，1941年获麦吉尔大学物理学

硕士学位,同年转赴美国科罗拉多州矿业学院攻读地球物理勘探。现任中国科学院地球物理研究所研究员,名誉所长。他早年发表的地震波的研究Ⅰ、Ⅱ、Ⅲ,由于精辟的首创性,在美国1960年《地球物理学》创刊25周年时被评为经典论文。

刘锋,1983年毕业于天津大学土木工程系,1989年赴加拿大留学,于1995年获康戈迪亚大学商学院财务金融学博士学位。现任加拿大麦吉尔大学管理学院中国管理中心主任。他同时是中国人民银行研究生部皇家银行访问教授,大连理工大学客座教授。

自1984年起,中国人民大学商学院与加拿大麦吉尔大学等院校长期合作,联合培养MBA、MPA和博士生。

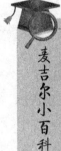

麦吉尔小百科

北美文学作品和影视作品中的主人公也常被描述为麦吉尔大学学生或教授,如虚构的麦吉尔校友中将艾伦·麦格雷戈,在加拿大与英国特种部队在二战期间担任突击队的唐纳德·克雷格少校,普林斯顿普莱恩斯伯勒教学医院的肿瘤学家詹姆斯·威尔逊等。奇迹漫画系列加拿大超级英雄系列阿尔法飞行中,主人公沃尔特被描绘成一个麦吉尔大学生物物理学家,研究伽马辐射事故。此外,麦吉尔大学门口常常有学生贩卖T恤,上面印着"哈佛,美国的麦吉尔(Harvard,America's McGill)",深受加拿大人欢迎。

第三课　麦吉尔大学名人榜——罗伯特·蒙代尔

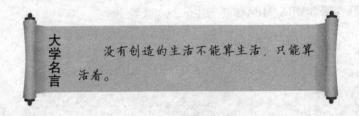

大学名言　　没有创造的生活不能算生活，只能算活着。

罗伯特·蒙代尔教授被誉为最优化货币理论之父；他系统地描述了什么是标准的国际宏观经济学模型；蒙代尔教授是货币和财政政策相结合理论的开拓者；他改写了通货膨胀和利息理论；蒙代尔教授与其他经济学家一起，共同倡导利用货币方法来解决支付平衡；此外，他还是供应学派的倡导者之一。

人物生平

罗伯特·蒙代尔曾就读于英属哥伦比亚大学和伦敦经济学院，于麻省理工学院（MIT）获得哲学博士学位。在1961年任职于国际货币基金组织（IMF）前曾在斯坦福大学和约翰霍普金斯大学高级国际研究院Bologna（意大利）中心任教。

自1966年至1971年，他是芝加哥大学的经济学教授和《政治经济期刊》的编辑；他还是瑞士日内瓦的国际研究研究生院的国际经济学暑期教授。1974年起执教于哥伦比亚大学。

2009年9月,香港中文大学已邀得蒙代尔出任博文讲座教授。目前,港中大有五位蜚声国际的大师出任博文讲座教授,其中三位皆为诺贝尔奖得主,为全港唯一一所拥有诺贝尔奖得主任教的大学。蒙代尔教授出任中大博文讲座教授后,每年将会居留港中大两个月讲学,以促进学术发展。

蒙代尔教授在北美洲、南美洲、欧洲、非洲、澳大利亚和亚洲等地广泛讲学。他是联合国、国际货币基金组织、世界银行、加拿大政府、拉丁美洲和欧洲的一些国家、联邦储备委员会和美国财政部等许多国际机构和组织的顾问。

1970年,他担任欧洲经济委员会货币委员会的顾问;他还是1972—1973年度在布鲁塞尔起草关于统一欧洲货币的报告的九名顾问之一。自1964年至1978年,他担任Bellagio-Princeton国际货币改革研究小组成员;自1971年至1987年,他担任Santa Colomba国际货币改革会议主席。

蒙代尔教授撰写了大量关于国际货币制度史的文章,对于欧元的创立起了重要的作用。此外,他撰写了大量关于"转型"经济学的文章。于1997年,蒙代尔教授参与创立了《Zagreb经济学杂志》。于1999年参与创建了世界经理人集团,2002年起担任世界品牌实验室(World Brand Lab)主席,2006年起参与创建以他自己名字命名的《蒙代尔杂志》(The Mundell)。

货币财政理论

蒙代尔教授敏锐地观察到,从20世纪60年代至今,世界经济发展中的一个显著特点

就是随着世界经济一体化与全球化的发展,产品、服务尤其是资本可以通过贸易和投资大规模地跨国界流动。在一个更为开放的经济体系中,一国的货币主权和财政政策效果更多地受到外部世界的制约,宏观调控能力下降。经济学越来越难以对经济前景进行预测,一个重要原因就是传统的宏观经济学和微观经济学在经济全

【经典语录】

不要让一个人的外表影响你的判断力,这是最重要的。感情会影响理智的。我们必须深入生活,只有如此才能获得新奇的效果和非同寻常的配合,而这本身比任何想象都有刺激性。

球化条件下面临新的挑战。

瑞典皇家科学院在授奖贺词中称:"蒙代尔教授奠定了开放经济中货币与财政政策理论的基石……尽管几十年过去了,蒙代尔教授的贡献仍显得十分突出,并构成了国际宏观经济学教学的核心内容。"

蒙代尔的研究之所以有如此重要的影响,是因为他是在运用新制度经济学的理论方法,准确预料未来发展方向的基础上进行选题的。在20世纪60年代,国际货币安排的格局是各国都有自己的一套货币,并且几乎所有学者都认为这是必须和理所当然的,国际资本市场开放的程度也相当低。正是在这种情况下,蒙代尔提出了超前于现实的问题:与国际资本市场一体化相关的货币与财政政策的结果会如何? 这些结果将如何依赖于一个国家是采取固定汇兑抑或采取自由汇兑? 一个国家都该有自己的一

套货币吗? 经过提出和回答这样一些问题,蒙代尔改造了开放经济中的宏观经济理论。

在20世纪60年代初期发表的几篇论文中,蒙代尔发展了开放经济中的货币与财政政策(即"稳定政策")的分析。他在《固定和弹性汇率下的资本流动和稳定政策》中探讨了开放经济中货币与

财政政策的短期效应,分析得很简单,但结论却很丰富、新颖、清楚。在这篇具有划时代意义的论文中, 蒙代尔把对外贸易和资本流动引入了传统的IS-LM模型(该模型由1972年诺贝尔经济学奖得主希克斯发现,用于分析封闭经济), 阐明了稳定政策的效应将随国际资本流动的程度而变化。他论证了汇率体制的重要意义:在浮动汇率下货币政策比财政政策更有威力,在固定汇率下则相反。

到20世纪60年代后半期, 蒙代尔已是芝加哥大学学术界的领袖级别的大人物。他那个时候的许多学生,现在都已成为这一领域中卓有成效的研究者。

假定资本具有高流动性, 国外和国内的利率一致, 那么在固定汇率下,央行必须干预流通市场,以满足该汇率下公众对外币流通的需求。结果是,央行将失去对货币供给的控制,不得不被动地调整货币供给以适应货币需求(国内流通)。央行试图通过所谓的公开市场操作执行单一国家货币的政策也将是无效的, 因为无论利率还是汇率都不可能被影响。但是,如果增加政府支出或其他财政措施,则可以提高国民收入和国内经济水平,从而避免上涨的利率和强劲的汇率障碍。

再看看浮动汇率。浮动汇率是由市场决定的汇率,在该汇率体制下,央行对流通领域的干预受到限制,财政政策就没多大威力了。在货币政策不变的情况下, 增加政府支出将导致对货币的更大需求和追求高利率的倾向。资本的流入将强化除去政府支出的全部扩张效应后的净出口较低的地区的汇率。但是,在浮动汇率下的货币政策将成为影响经济活力的有力工具。扩大货币供给往往会提高较低的利率,导致资本流出和更疲软的汇率,而这反过来可以使净出口增加从而促进经济扩张。

浮动汇率和高资本流动性准确地揭示了许多国家当前的货币体制。但在20世纪60年代早期,几乎所有的国家都被布雷顿森林体系的固定汇率联结在一起,因

【名人语录】

不管饕餮的时间怎样吞噬着一切, 我们要在这一息尚存的时候,努力博取我们的声誉,使时间的镰刀不能伤害我们。

——莎士比亚

此，对浮动汇率和高资本流动性的后果进行分析完全像是满足学术好奇心而已。为什么这好奇心会发生在蒙代尔身上？这可能与蒙代尔出生在加拿大有关，因为在20世纪50年代，加拿大就开始放松管制，允许自己的货币与美元联系浮动。随着国际资本市场的开放和布雷顿森林体系的崩溃，蒙代尔的远见卓识更与随后的十年紧紧相关。

在蒙代尔之前，稳定政策不仅是静态的，而且假定一个国家所有的经济政策都被一只单独的手所调整和组合。作为对照，蒙代尔用了一个简单的动态模型，来考察财政政策与货币政策这两种工具，它们各自怎样走向自己的目标、外部和内部的均衡，以带动经济随时间的推移而接近目标。这意味着两个不同的权威——政府和央行——将为稳定政策工具承担各自的职责。蒙代尔的结论直截了当：要防止经济不稳定，政策与经济生活的联系就应与两种工具的功效一致。在他的模型中，货币政策与外部平衡联系，财政政策与内部平衡联系。蒙代尔最初关注的不是货币与财政政策分离本身，而是解释分离的条件，他率先认为，央行应该独立地对价格稳定负责，这一思想在后来被人们普遍接受。

从蒙代尔进行的短期和长期分析中也可得到有关货币政策条件的基本结论。在资本自由流动条件下，货币政策既能够被导向；外部目标比如汇率，也能够被导向；内部（国内）目标比如说价格水平，但是它们不是同时进行的。这个"矛盾的三位一体"对理论经济学家的意义是不言自明的。

蒙代尔的贡献已经被证明是国际经济学研究的分水岭。它们引入了动态方法，在清晰区别存量和流量的基础之上，分析两者在经济走向长期稳定的调整过程中的相互

作用。蒙代尔的研究也对凯恩斯主义者的短期分析和古典经济学的长期分析进行了必要的调和。后来的研究者扩展了蒙代尔的成果。这个模型被扩展到综合包括了家庭和企业的预期决策、另类金融资产和更具动态的经常项目和价格调整。尽管有这些修正，蒙代尔的绝大多数结论仍然经受住了考验。

麦吉尔大学
MAI JI ER DA XUE

【名人语录】

有研究的兴味的人是幸福的。能够通过研究使自己的精神摆脱妄念并使自己摆脱虚荣心的人更加幸福。

——拉美特利

最优货币区域

固定汇率在20世纪60年代早期占据着主流地位，少数研究人员讨论过浮动汇率的优点和缺点，但都认为一国有自己的通货是必须的。蒙代尔1961年在其论文中提出"最优货币区域"问题看起来似乎有些激进：几个国家或地区放弃各自的货币主权而认同共同的货币，在什么时候会更有利？蒙代尔的论文简要地提到了共同货币的好处，比如贸易中更低的交易费用和相关价格更少的不确定性等。

这些好处后来得到了更多的描述。而最大的缺点是，当需求变动或其他"非对称冲击"要求某特定地区削减实际工资的时候，维持就业就很困难。蒙代尔强调，为抵消这些不利因素，劳动力需要具有较高的流动性，这一点非常重要。蒙代尔刻画了这样一个最优货币区域，该区域的国家和地区之间移民倾向足够高，高到可以保证某一个地区面临非对称冲击时仍可以通过劳动力流动来实现充分就业。其他研究者扩展了这一理论并确定了附加标准，比如资本流动、地区专业化、

共同的税收和贸易体制等。

蒙代尔几十年前的思考与今天密切相关。由于世界经济中资本的流动性不断变强,在曾经固定但现在可以调整的汇率体制下,汇率越来越变得脆弱;一些地区正卷入这个问题。

许多观察家认为一个国家在货币联合或浮动汇率(蒙代尔的论文讨论的两种情况)之间必须选择其一。不必多说,蒙代尔的研究也影响到欧元的诞生。经过对利弊的权衡,EMU研究人员把最优货币区域经济思想当作新的药方予以了采纳。

个人著作

蒙代尔教授撰写的著作包括《国际货币制度:冲突和改革》(蒙特利尔:加拿大私营规划协会,1965年);《人类与经济学》(纽约:McGraw-Hill,1968年);《国际经济学》(纽约:Macmillan,1968年);《货币理论:世界经济中的利息、通货膨胀和增长》(加利福尼亚,Pacific Palisades:Goodyear,1971年);《新国际货币制度》(与J. J. Polak共同编写,1977年);《世界经济中的货币历程》(与Jack Kemp共同编写,1983年)。其合编的著作包括:《全球失衡》(1990年);《债务、赤字和经济状况》(1991年);《建设新欧洲》(与M. Baldassarri共同编写,1992年);《中国的通货膨胀与增长》(与M. Guitian共同编写,1996年);《欧元作为国际货币制度的稳定器》(与A. Clesse共同编写,2000年)。

蒙代尔教授于1965年在普林斯顿大学发表Frank Graham纪念演讲,1974年在剑桥大学发表Marshall演讲,1998年发表Ohlin演讲,2000年发表Robbins纪念演讲。

1983年,他获得法国参议院的Jcaques-Rueff奖章和奖金;1997年,他被评为美国经济协会的杰出会员;1999年,他获得诺贝尔经济学奖。蒙代尔教授获得了北美洲、欧洲和亚洲好几所大学的荣誉学位和教授职位。

【名人语录】

科学绝不是一种自私自利的享乐。有幸能够致力于科学研究的人,首先应该拿自己的学识为人类服务。

——马克思

蒙代尔眼中的人民币汇率政策

人们常常问我为什么会学习经济学，是从什么时候开始的，如果说这一切有一个确切的日期，虽然我不很肯定存在这样一个日期，那就是二战之后，1949年的英镑贬值，你们现在也许很难想象这意味着什么，英镑在整个19世纪是世界经济市场上最强硬的货币，英镑的贬值可是一件大事，但是，问题是所有的媒体都不知道如何去解释这件事的意义究竟何在，我也请教过我的大学老师，问他们英镑贬值的原因和英国

通过这一做法究竟可以获得什么，他们都不能解释这个问题，于是我发现我可以在这个还没有答案的领域做一些调查，或者研究，长话短说，通过之后10年到15年我的研究，我发现并且逐渐地相信1949年英镑贬值是一个错误。

我进入英属哥伦比亚大学就开始涉猎经济学，第一年的学习内容，由于太广泛，经济学学习并没有对我有任何的触动，只是到了第二年之后，当学到了比较深的理论之后，才感觉到爱上了经济学这门学科，并下定决心把它作为一项毕生的职业，大学毕业以后，我向南部发展了，去了美国境内最近的一所大学，就是华盛顿大学，那个时候，我也没有很多的钱，华盛顿大学给我提供了奖学金，相当于助教的奖学金，在我那里渡过了毕业之后的第一年。

【名人语录】

人在履行职责中得到幸福，就像一个人驮着东西，可心头很舒畅。人要是没有它，不尽什么职责，就等于驾驶空车一样，也就是说，白白浪费。

——罗佐夫

我去的是华盛顿大学的研究生院,顺便要说的是,那是所非常好的学校,现在西雅图的研究生院也很棒,当时,那里有一位很优秀的青年经济学家,道格拉斯·诺斯,他当时是经济学史的助教,后来成为诺贝尔经济学奖的获得者,也是我非常要好的朋友,但是我还是觉得这里不应该是我最终完成我的经济学博士学位的地方,考虑到我没有很多的钱,我就找到了三个教授,征求他们的建议,而三位的教授的建议,给我的印象如此深刻,以致1999年在斯德哥尔摩领取诺贝尔奖的时候,在5000人的颁奖宴会上,我就决定把这个经历告诉大家,我今天也想给大家讲讲这个故事,我找的这三位教授是我最喜欢的,问了他们同一个问题,就是在资金不充裕的情况下,我究竟应该选择哪里完成我的博士学业,他们也鼓励我去一个更好的地方,第一位是一个年轻的数理经济学家,同样来自加拿大,他给我的建议是到一个能够给你提供最高额奖学金的大学去,他还说如果我愿意,他可以为我在康乃尔大学谋得一份奖学金。第二位是当时的系主任,也是个国际贸易专家,他建议我说:到你最想去的地方,需要多少钱,就去借多少钱。第三位教授是个卓越的微观经济学家,他师从凯恩斯的弟子劳里塔西思,他告诉我,你应该找一个非常富有的女孩子然后跟她结婚,用她家的财富来帮助你完成你的学业。我呢,听从了第二位教授的建议,去了一所我想去的大学,就是麻省理工学院,但是这并不是我讲这个故事的目的,关键的是后来我发现这三位教授就是按照他们各自给我的建议安排自己的人生的。

那第一位教授正是从康乃尔大学拿了奖学金,第二位教授去了哈佛大学,这所他认为最好的学校,通过借钱完成了学业,第三位教授呢,和一位非常富有的女孩子结了婚,我特别要告诉大家的是,那个女孩是个中国姑娘!当时在

1999年,诺贝尔奖的颁奖典礼上,我带着我两岁的儿子出席,顺便要说的是,我的演讲是20世纪诺贝尔奖的最后一个演讲,因为经济学奖是诺贝尔颁奖仪式的最后一个奖项,所以我的演讲也是20世纪末最后一个诺贝尔奖演讲,当时我讲了这个故事,并说我不会让我的后代照着我的人生道路走下去,而是希望并且建议他,走一条自己的路。

【名人语录】

科学家的天职叫我们应当继续奋斗,彻底揭露自然界的奥秘,掌握这些奥秘便能在将来造福人类。

——约里奥·居里

正像一首歌中唱的,那首歌是一个叫保罗兰科的加拿大人写的,我爱过,笑过,哭过,我饱尝过失败的滋味,但当泪水褪去,我发现这一切原来这么有趣,想想看,我做过的一切不是,不,不是的,我是以自己的方式生活过的。

我选择麻省理工学院,是因为当时那里有一批顶尖的经济学教授,例如保罗·塞缪森,罗伯特·索洛都在那里,是研究经济学理论学最好的地方,我也是在那里得到的博士学位。但是我在那里只待了一年,因为之后的一年,我拿到了一份给加拿大人设立的奖学金,去伦敦政治经济学院,1956年我从麻省理工学院拿了经济学博士,第二年,我有了一年继续学习的机会,就是去芝加哥大学完成博士后学业,所以,在我大学毕业之后,我去了三个伟大的学校,MIT,伦敦经济学院,芝加哥大学,在这些地方完成了我的主要学业,这三四十年以来,我选择的经济学研究课题,开始于古典贸易理论,我喜欢这个领域,也写过关于这个方面的数理论文和政策性文章,然后转向了"最优货币区理论",这是诺贝尔评奖委员会所关注的一个方面。

接下来是蒙代尔·弗莱明模式的研究,我有6篇论文都是关于这个理论的。然后是货币理论、供给理论和经济政策,所谓经济政策就是什么样才是一种理想的政策以及它是如何运转的,我所喜欢的是经济学理论和一般均衡理论,如何把这些理论转变为政策制定者和经济分析家们手中有用的工具,所以,我在这个方面,是一个政策偏好的人,如何把纯粹的理

论应用到实际中,如何把纯粹的理论应用到实际中,这里我只想简要地列举五个方面。

第一是货币政策和财政政策的组合,第二是国际货币体系改革,第三是欧元的产生,第四是供给学理论,第五是我现在所研究的即全球货币问题。至于谈到我事实上对经济政策的贡献究竟是什么,我想可能主要在三个方面。

第一是19世纪60年代,当我来到国际货币基金组织的时候,一场与刚刚执政的约翰·肯尼迪政府之间的重要的争论正在进行,这个争议就是究竟什么样的货币政策和财政政策组合,才符合当时美国所实行的固定汇率制制度。美国商会认为,要加强货币供给的控制,制定平衡的财政预算,这种预算是固定的。

以萨缪尔森为代表的新古典主义学者认为应该降低利率,以促进经济增长,刺激投资,另一方面,也需要有充分的预算,以防止通货膨胀的爆发。

凯恩斯主义学派,认为既应该降低利率,又应该减少财政预算,增加支出。这是三种不同的观点,三种不同的货币政策财政政策的可能性组合,我发现,这三种不同的观点,这三种不同的货币政策与财政政策的可能性组合,都是错误的,正确的政策应该是第四种,前面没有提到的货币和财政政策的结合,就是紧缩的货币来保证一国国际收支的平衡和汇率的稳定,然后通过减税来促进经济增长。

肯尼迪政府执政第一年的经济政策失败后,总统先生在他上台后第二年决定采用我的建议,这就是1964年美国大减税的基础,正是这个政策组合保证了1963年肯尼迪总统遇刺后,整个60年代美国经济长期而强劲的增长和扩展。

第二个方面,是国际货币体系的改革,20世纪70年代,旧的国际货币体系崩溃,当时的问题就在于美元成为一种关键货币,之后其他国家的货币与美元挂钩,而美元在理论上是可以兑换为黄金的,因为二战之后的通货膨胀,黄金的价值是被低估的,黄金变得稀缺,所以在1971年美国政府取消了美元与黄金自由兑换,国际货币体系也就是"布雷顿森林体系"逐渐崩溃,由于政治上的不统一,所以重返这一体系变得不大可能,浮动汇率制并不是大多数国家所希望的,浮动汇率制是强加给某些国家的,因为当时世界的主要力量在重新建立国际货币体系上没有取得一致的意见,欧洲人说我们需要的不是一种国际货币体系,而是一种欧洲货币体系,并且他们的行动非常快,我的关于"最优货币区理论"让人们在这方面开始思考,1969年的时候,我起草了第一个正式的欧洲货币计划,其中的一些要点后来得到了实现。我做的第一件事是帮助美国经济在60年代实现扩张,第二个贡献是帮助了欧元的诞生,部分地消除了那里的浮动汇率制,第三个贡献是供给学派理论,这里涉及的是一个关于税率的某些问题,当时美国税率突然大幅提高,19世纪的美国不征收个人所得税,最高法院裁定所得税的征收是违反美国宪法的。

就在二战之前,这项法规失去法律效力,一战开始征收个人所得税,但只有3%的水平,但是从一战开始所得税率急速上升,达到60%的水平,之后又下降,到20世纪二三十年代,下降到25%的水平,接下来是大萧条时期,个人所得税又上升到60%的水平,二战时期最高达到92.5%的水平,二战之后税率又下降,到80年代卡特政府时期,单是联邦政府征收的最高税率就达到70%,这给经济带来了很多问题,特别是随着税率的级级上升和通货膨胀的爆发,因为通货膨胀相当于提

【名人语录】

　　幸福的斗争不论它是如何的艰难,它并不是一种痛苦,而是快乐,不是悲剧的,而只是戏剧的。

　　　　　　——车尔尼雪夫斯基

高了个人所得税的征收水平，总的来说美国此时需要对其税收系统进行彻底的改革。

80年代的政府对税率进行了改革，采取了大幅度的减税措施，至1989年里根总统离任时，联邦政府征收个人所得税的水平已由70%下降到28%，公司所得税由48%下降到24%，这些减税措施使美国拥有现今主要的大型经济体中最有效率的经济体系，美国经济在六七十年代表现并不抢眼，而此时美国经济有了一个突然的飞跃，作为一个大型的发达经济体它开始有了快速的增长，80年代供给学派革命主要起源于我的思想，和阿瑟·拉弗的思想，还有其他一些人将这些思想运用于实践，使美国在那个时期生产率得到了大幅度的提高，经济得到了快速增长。

最后一点是关于我们刚才谈到的全球货币和国际货币体系，现在大家想象一下，你是一个从外星来到地球的人，并打算参观地球上所有的国家，那么，关于国际货币体系，你注意到的第一个问题会是什么，你说的第一件事会是大家应该使用同样一种货币，如果他们想相互之间频繁地进行贸易的话，你不会想有几百种不同的货币，而这正是我们今天所拥有的体系，国际货币基金组织有194个成员国，世界上可能有两百多种货币，想象一下，我们会拥有多少种汇率，这对于国际贸易没有任何好处，但如果大家都使用同一种货币，这将比有两百种货币发挥更大的作用，现行的货币体系效率极为低下，当然现在采用这种方法可能性不太大，目前我们不可能使用同一种货币，但有两种方法可以使我们享受到一部分的好处。

一种是除了各自的货币外，大家都使用一种公共货币，这将是国际货币领域一种融合的形式，这种方式可以实现，另一种方法是在各地采用欧洲的做法，欧洲有

一个单一货币区，亚洲有一个亚洲货币区，并不是说亚洲只使用一种货币，而是在自身货币之外，所有国家都使用一种货币，我相信，亚洲的两个主要国家，日本和中国正朝这个方向发展，我不知道完全建立这种制度是否可能，但往这个方向前进几步是可能的。

【名人语录】

谦卑并不意味着多顾他人少顾自己，也不意味着承认自己是个无能之辈，而是意味着从根本上把自己置之度外。

——威廉·特姆坡

我们会有觉得需要一种全球性货币的时候，这并不只是经济学家们想出来的主意，二战即将结束之时，主要大国在美国布雷顿举行了一次重要的国际会议，位于新罕布什尔州，建立了接下来的国际货币体系和国际货币基金组织，但主要的关于战后货币体系的计划都提出要建立一个全球性的货币。由于政治上的原因双方都没有同意对方的方案，结果两者都没有采用，后来到了80年代，为了弥补森林体系的漏洞，尝试采用特别提款权，这与原来计划类似，但实行起来不是特别有效，不管怎样，我认为国际货币体系改革是十分要紧的，不进行改革将对世界经济繁荣的造成极大威胁，我把亚洲金融危机归于日元对美元汇率的不稳定，至于那些正处于转型过程中国家的问题，我也认为是他们汇率的波动所造成的，这是我们接下来所要担心的问题，我会谈到处理它们的不同方法。

接下来我们说一下人民币汇率问题，要讲的是颇有争议的汇率问题，我会谈到四点。第一点，有人经常会问，固定汇率与弹性汇率哪个更好，我认为这个问题本身问的就不对，自相矛盾，因为固定汇率和弹性汇率两者本身不可比，固定汇率是一种货币规定，它使一国的通货膨胀率与它钉住国家或地区的通货膨胀率一致，虽然数量上不是完全一样，但也大体相似，假设墨西哥货币钉住美元的话，墨西哥就会有大体和美国一样的通胀率，如果加拿大元钉住美元的话，也会有和美国类似的通胀率，所以固定汇率是一种货币规定，但是弹性汇率不是一种货币规定，它是取消货币规定，如果你想拥有同等程度的货币稳定的话，在货币规定与取消货币规定之间，你根本无法加以比较。

所以合适的选择不是比较固定汇率和弹性汇率，而是在货币钉住汇率与通货膨胀目标制汇率之间进行比较，或与以货币供给为目标的汇率制度进行比较，这才是相匹配的选择，我总是批评国际货币基金组织要求各国实行弹性汇率制，但是这并非好事，如果国际货币基金组织对他们说不要采用固定汇率货币政策，而是采用其他货币政策，比如通货膨胀目标制汇率或货币供给目标制汇率，这才是理性的选择，而有些国家认为，如果我们采用弹性汇率制的话，我们就不用担心预算赤字、货币供给和其他类似的问题，因为汇率能给我们带来国际收支平衡，而这种情形只有在放弃货币稳定的情况下才能实现，因为这个，所有转型国家不管在中欧还是东欧，在国际货币基金组织、欧洲中央银行、世界经合组织、世界银行这四家国际组织的影响下，毫无例外的实行了弹性汇率制，最后导致了严重的通货膨胀，因为它们放弃了它们货币政策的支柱，而没有及时创造另外一个支柱。如果我的任何一个学生，提出我们不要固定汇率制，而是要实行弹性汇率制，我会给他们不及格，因为这个很不好；如果他们说选择一个通货膨胀目标制的汇率或货币供给目标制的汇率制度，我会给他一个A+，不管他们是否正确，至少他们做出的是一个确实与经济学相关的选择。

现在我们来谈谈一个重要问题：人民币是否要升值。首先这是一个极其重要的问题，也是一个国际社会经常讨论的话题，美国前财政部长奥尼尔几年前就提出人民币应该升值，最近美国新财政部部长询问美国参议院：人民币是否要升值？美国的参议院有时候也会谈论汇率问题。最近日本也就相关的问题提出了两个议案，首先是有人提出中国在输出通货紧

74

缩，在巴黎举行的八国首脑会议，日本财政部部长再次强烈提出人民币应该升值，因为中国正在出口通货紧缩，现在基本上有两种观点支持这个论调，其一是中国的外汇储备增长很快，可以说中国国际收支顺差，也可以说中国贸易出现很大的顺差，这两个理由可以当作人民币升值的部分原因，对于持有贸易顺差国货币升值、贸易逆差国货币贬值观点的人，这种观点可以成立，但是你以这种标准衡量美国的话，你可以发现并非这种情形。

　　美国在整个90年代一直保有最大的经常项目逆差，也就是在这段时期，美国财政部长一直支持强势美元，尽管美国的贸易项目和经常项目出现很大的逆差，很明显，贸易顺差不是升值的理由，外汇储备增加、国际收支顺差，有时也用来支持货币升值，但在这里，这并非一个好的证据，问题的关键不在于一国是否增加外汇储备，许多大国不得不积累很庞大的外汇储备。但是，当他们实际获得的储备比他们想要获得的储备多时，就产生了不均衡，如果他们想获得外汇储备，那这不是不均衡的状态；如果他们不想增加储备而被迫增加，形成出于本意的多余储备，这样支持财政政策变化以消除多余盈余的言论才成立。升值可能是其中一项措施，但还有很多其他的措施更为有效。

　　在这儿我想列举一下货币升值的弊端，首先我觉得不论在何种情况下，当一种货币未实现完全可兑换时，升值没有任何好处，中国长期的目标当然是实现资本项目向人民币可兑换，如同现在经常项目下人民币可兑换。长期来说这是一个好主

【经典语录】

　　人生并非游戏，因此，我们并没有权利只凭自己的意愿放弃它。你明白，人的一生，既不是人们想象的那么好，也不是那么坏。

意,但不管在任何国家,在货币还未实现完全可兑换时,升值反而会阻碍这个目标的实现。

当然,我们所作的第一件事应该是逐步放松外汇管制,而非改变其汇率,这更加有益,放松管制应该是一个逐步的和缓慢的过程。第二,货币升值会导致通货紧缩,降低国内物价水平,加剧国内通货紧缩。中国物价现已达到均衡,价格水平保持平稳,虽然去年有很轻微的通货紧缩,大约占1%的水平。你当然会说,鉴于美元去年贬值15%,如果人民币钉住美元,中国来年将不会出现通货紧缩,不管怎样,如果货币升值的话,会导致通货紧缩进一步恶化。

第三,国外直接投资与汇率密切相关,最好的证据是从1995年开始美元与日元汇率的变化,在1985年1美元兑换150日元,十年之后只能兑换78日元,水平降到了原来的1/3,也就是说日元相对美元升值了3倍,这对于日本是灾难性的结果,导致许多公司破产,银行业产生大量不良资产。但我想指出的是发生在1995年4月之后的事情。当时1美元兑换78日元,而从1995年4月开始直到1998年6月,亚洲金融危机的酝酿时期,美元汇率直线上升,1美元可以兑换140日元,从78日元到140日元,日元贬值很厉害,导致日本在东南亚的投资急剧减少,那些钉住美元国家的货币相对日元升值,陷入很大的困境,最后导致亚洲金融危机的爆发。所以如果人民币升值,我虽不知道确切数字,但中国将失去500亿外国投资中的很大一部分,

外加未来的可能的外国投资。这些外国投资对中国相当重要,中国在世界经济普遍下滑、美国经济衰退、日本(经济)停滞不前时,能幸免于难,成为世界上唯一一个保持持续增长的经济体。但人民币升值将切断这些国外直接投

中国有好处，或对世界其他国家有好处，当然也不会对美国的逆差有任何帮助，也无法解决日本的问题，日本要自己解决自己通货紧缩的问题，人民币升值也会损害周边国家也就是东南亚国家的利益。所以我今天的结论是：人民币不要升值，不要贬值，不要浮动，也不要增加浮动幅度，保持现在的固有水平，人民币现在已经达到了均衡。

杰出贡献

蒙代尔对经济学的伟大贡献在于运用新制度经济学的理论方法，动态分析货币制度，成功地把新制度经济学理论的精髓推广到货币理论中，使得传统的货币理论获得了新的生命力，发展了凯恩斯的货币理论，创造性地设计欧元制度。

蒙代尔教授发表了大量有关国际经济学理论的著作和论文，被誉为最优化货币理论之父；他系统地描述了什么是标准的国际宏观经济学模型；蒙代尔教授是货币和财政政策相结合理论的开拓者；他改写了通货膨胀和利息理论；蒙代尔教授与其他经济学家一起，共同倡导利用货币方法来解决支付平衡；他还是供应学派的倡导者之一。

蒙代尔教授撰写了大量关于国际货币制度史的文章，对于欧元的创立起了重要的作用。此外，他撰写了大量关于"转型"经济学的文章。于1997年，蒙代尔教授参与创立了《Zagreb经济学杂志》。

蒙代尔在经济学上的贡献：

一是开放条件下宏观稳定政策的理论（蒙代尔·弗莱明模型）。

二是最优货币区域理论。蒙代尔教授敏锐地观察到，从20世纪60年代至今，世界经济发展中的一个显著特点就是随着世界经济一体化与全球化的发展，产品、

【名人语录】

凡是挣扎过来的人都是真金不怕火炼的；任何幻灭都不能动摇他们的信仰：因为他们一开始就知道信仰之路和幸福之路全然不同，而他们是不能选择的，只有往这条路走，别的都是死路。这样的自信不是一朝一夕所能养成的。你绝不能以此期待那些15岁左右的孩子。在得到这个信念之之前，先得受尽悲痛，流尽眼泪。可是这样是好的，应该要这样。

——罗曼·罗兰

服务,尤其是资本可以通过贸易和投资大规模的跨国界流动。在一个更为开放的经济体系中,一国的货币主权和财政政策效果更多地受到外部世界的制约,宏观调控能力下降。经济学越来越难以对经济前景进行预测,一个重要原因就是传统的宏观和微观经济学在经济全球化条件下面临新的挑战。

在国际金融领域,他是一位伟大的先行者和预言家。

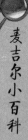

麦吉尔小百科

　　麦吉尔大学的国际学生人数居全加之首,来自 155 个国家,占全部学生人数的 20%。由于麦吉尔教学质量,历史声誉,人文环境媲美美国常春藤联校,而相对学费低于常春藤各校,吸引了大量美国的优秀学子,是加拿大美国学生数量最多的大学。如今,麦吉尔开设的专业从希伯来语到会计学,从音乐到土壤学,囊括工商、医法、文法各科无所不包。麦吉尔的学生在如此广阔的知识天地里尽情地遨游,充分地发挥着自己的想象力,学习与科研的热情空前高涨。

第三章 医学界的翘楚

　　麦吉尔大学的医学院在加拿大首屈一指，是无数学子梦寐以求的地方，美国著名的约翰霍普金森大学医学院的创立者之一威廉奥斯勒即从麦吉尔大学医学院毕业。麦吉尔大学在医学领域，尤其在癌症研究、免疫学、遗传学、呼吸系统疾病和神经病学等方面均取得很大成就。

麦吉尔大学
MAI JI ER DA XUE

第一课　活跃的医学领域

大学名言

　　生活不是等待风暴过去,而是学会在风雨中翩翩起舞。

　　麦吉尔大学对外学术交流很活跃，和世界上众多国家与地区都有学术往来,还与魁北克其他大学有学分转换协议。每年,很多科学、政治、文学及社会运动领域的杰出人物会到麦吉尔大学演讲。

　　麦吉尔大学在医学领域,尤其在癌症研究、免疫学、遗传学、呼吸系统疾病和神经病学等方面均取得了很大成就。

　　麦吉尔大学校内的科研设施很完善，生态博物馆、物理博物馆、加拿大博物馆、植物园、植物标本室都有着丰富的收藏品。自然保护研究中心及热带作物研究所有着先进的设备,校内的放射实验室配有先进的同步回旋加速器。

学术航母

【名人语录】

患难可以试验一个人的品格，非常的境遇方才可以显出非常的气节；风平浪静的海面，所有的船只都可以并驱竞胜。命运的铁拳击中要害的时候，只有大勇大智的人才能够处之泰然。

——莎士比亚

如今，麦吉尔大学开设的专业从希伯来语到会计学，从音乐到土壤学，囊括工商、医法、文法等各科。麦吉尔的学生在如此广阔的知识天地里尽情地遨游，充分地发挥着自己的想象力，学习与科研的热情空前高涨。

麦吉尔大学的医学院是公认的顶尖医学院之一，该医学院建立于1829年，拥有很长的历史，是麦吉尔大学的第一个院系，也是加拿大的第一所医学院。作为加拿大领先的医学研究型大学，麦吉尔大学在生物医学、表观遗传学、神经科学、干细胞和再生医学等许多领域都取得了巨大的突破。

麦吉尔大学几乎在各个领域都居于世界顶级水平。这里有全世界最好的医疗放射肿瘤科，世界第一例人工心脏永久植入术，也在麦吉尔大学做成。世界最好的脑神经研究所医院也在麦吉尔大学。麦吉尔大学医学中心有附属肿瘤医院、胸科医院、神经研究所、儿童医院，蒙特利尔总医院是世界顶级临床诊治和研究中心，在心脏外科、肿瘤外科、神经外科、创伤外科、泌尿外科及医院管理等众多领域等方面具有世界最先进水平，特别是临床及基础研究方面，拥有众多世界级临床及基础研究人才，众多成果受

到世界同行的赞扬，并和世界其他顶尖科研机构有齐头并进的学术交流。

麦吉尔医学院还培育出了很多优秀的毕业生，像1977年诺贝尔生理学或

医学奖的获得者安德鲁·维克托·沙利（Andrew Victor Schally），1981年诺贝尔生理学或医学奖的获得者戴维·休伯尔（David Hubel）等，直至今天，麦吉尔大学仍然在癌症、帕金森病艾滋病等研究领域居于世界先进水平。麦吉尔大学所属的皇家维多利亚医院是加拿大最大的综合医院之一，也是我们熟悉的白求恩大夫曾经工作过的地方。同时麦大的法学院和HEC商学院也都堪称一流。

目前，麦吉尔大学正在进行的重点科研项目有：微型机器人、神经再生与功能恢复、人类疾病的遗传基础、电信研究、生存发展、国际危机行为、海洋产品、本地劳动市场与经济重建的比较研究。

科研促进了教学。麦吉尔的教学水准被认为可与世界上任何一所大学相媲美。其学生也多次在国内外多种比赛中获奖。它的课程设置融合了英美大学的特色，并创造出了一套独特的教学体制。

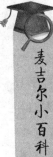

麦吉尔小百科

　　麦吉尔大学对外学术交流很活跃，和世界上众多国家与地区顶尖大学有学术往来，包括哈佛大学、耶鲁大学、剑桥大学、牛津大学、伦敦政经学院、普林斯顿大学、加州大学伯克利分校、澳洲国立大学、北京大学等。麦吉尔大学是加拿大 G15 创始成员之一，另外自 1926 年以来，麦吉尔大学一直是北美大学联盟 AAU 的一员。此外，麦吉尔大学也是美国研究型大学协会 URA，世界高校联盟 U21（Universitas 21）等成员。

第二课　多样化的研究领域

物理化学同发展

　　麦吉尔大学除了是医学界的翘楚，它的物理学研究和实验同样享有盛名，其中最为著名的科研领先人物是诺贝尔奖获得者卢瑟福、索迪和菲奇。

　　欧内斯特·卢瑟福：

　　在麦吉尔大学化学家弗雷德里克·索迪（Frederick Soddy）的帮助下，1908年被授予诺贝尔化学奖，他的获奖理由是"发现X射线下原子衰变现象及放射性物质的研究"。

而索迪则于1921年荣获诺贝尔化学奖,获奖理由是"对放射性物质及同位素的研究"。

瓦尔·菲奇(Val Fitch):

于1943年毕业于麦吉尔大学,他与美国物理学家詹姆士·克罗林合作研究中性K介子的蜕变,共同于1980年获得了诺贝尔物理学奖。

他们获得诺贝尔物理学奖的理由是"因发现中性K介子蜕变基本守恒定律的破坏"。

> **【名人语录】**
>
> 当一切似乎毫无希望时,我看着切石工人在他的石头上,敲击了上百次,而不见任何裂痕出现。但在第一百零一次时,石头被劈成两半。我体会到,并非那一击,而是前面的敲打使它裂开。
>
> ——贾柯·瑞斯

特别的研究领域

在麦吉尔大学,有许多教授总是寻找既特别又有趣的研究领域,它们都有着极强烈的现实意义,并且游离于主流研究之外。

劳伦斯·米萨克(Lawrence H-ysak):

与他的同事们共同致力于自然环境领域的探索，共同成立了麦吉尔气候与环球变化研究中心。

他们希望通过各领域的合作研究，发现造成全球环境变化的物理、生物、化学和社会、经济过程。

维托尔德·雷布金斯基（W1t01d R–ybczynski）：

他的研究主要在经济学领域，多年来一直致力于探索为印度、中国和北美等地城市提供廉价房屋的方法，既有意思又有意义。

他的研究成果主要体现在其专著《家庭》和《世界是最美的房屋》这两部著作里。

令人惊讶的是，这两部学术著作竟然一度成为畅销书。

如今的麦吉尔已成长为拥有顶尖科研水平的加拿大著名博士的医学类大学，素有"北哈佛"之称。

它与西安大略大学、皇后大学、麦马斯特大学、多伦多大学、英属哥伦比亚大学、阿尔伯塔大学等六所国际顶级医学类大学合称"七派"，代表着

行业领先水平,是莘莘学子梦寐以求的高等学府。

麦吉尔大学在许多研究项目上比常春藤联盟更胜一筹。

例如:微型机器人、神经再生与功能恢复、人类疾病的遗传基础、电信研究、生存发展、国际危机行为、海洋产品等。

麦吉尔大学被特许建立于英国对加拿大殖民统治时代,比加拿大联邦政府建立早46年,是加拿大最古老的大学之一。

麦吉尔小百科

1813年,杰出的苏格兰裔蒙特利尔商人和慈善家,格拉斯哥大学校友,詹姆士·麦吉尔去世时立下遗嘱,将47英亩平方千米庄园土地和1万英镑馈赠给皇家高等学会,用以创办一所学院或大学。1821年英王乔治四世颁布了一项皇家特许令,以麦吉尔为名建立了一所学院。1829年,蒙特利尔总医院的教学部并入麦吉尔学院,学校改名为麦吉尔大学(McGill University)并于同年正式开课。

第三课　麦吉尔大学名人榜——诺尔曼·白求恩

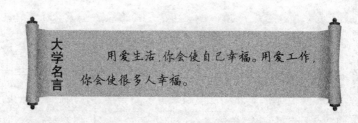

大学名言

　　用爱生活,你会使自己幸福。用爱工作,你会使很多人幸福。

　　诺尔曼·白求恩(Norman Bethune, 1890—1939),加拿大共产党员,国际共产主义战士,著名胸外科医师。1890年3月3日生于加拿大安大略省格雷文赫斯特镇一个牧师家庭。青年时代,当过轮船侍者、伐木工、小学教员、记者。1916年毕业于多伦多大学医学院,获学士学位。曾在欧美一些国家观摩、实习,在英国和加拿大担任过上尉军医、外科主任。1922年被录取为英国皇家外科医学会会员。1933年被聘为加拿大联邦和地方政府卫生部门的顾问。1935年被选为美国胸外科学会会员、理事。他的胸外科医术在加拿大、英国和美国医学界享有盛名。

　　1928年,白求恩来到了麦吉

【科研领域】

　　麦吉尔大学正在进行的重点科研项目有:微型机器人、神经再生与功能恢复、人类疾病的遗传基础、电信研究、生存发展、国际危机行为、海洋产品、本地劳动市场与经济重建的比较研究。科研促进了教学。麦吉尔的教学水准被认为可与世界上任何一所大学相媲美。其学生也多次在国内外多种比赛中获奖。它的课程设置融合了英美大学的特色,并创造出了一套独特的教学体制。

尔大学,在皇家维多利亚医院以及医学系从事科研与教学工作,直至1936年离开加拿大,奔赴西班牙内战前线。他后来又来到了中国,并为中国人民的正义事业献出了自己的生命。

生平简介

1935年11月,白求恩加入加拿大共产党。德、意法西斯支持F.佛朗哥发动西班牙内战,他于1936年冬志愿去西班牙参加反法西斯斗争。中国抗日战争爆发后,为了援助中国人民的解放事业,1938年3月,他受加拿大共产党和美国共产党派遣,率领一个由加拿大人和美国人组成的医疗队来到延安。8月,任八路军晋察冀军区卫生顾问,悉心致力于改进部队的医疗工作和战地救治,降低伤员的死亡率和残废率。把军区后方医院建设为模范医院,组织制作各种医疗器材,给医务人员传授知识,编写医疗图解手册。倡议成立了特种外科医院,举办医务干部实习周,加速训练卫生干部。组织战地流动医疗队出入火线救死扶伤。为减少伤员的痛苦和残废,他把手术台设在离火线最近的地方。11月底,率医疗队到山西雁北进行战地救治,两昼夜连续做71次手术。

1939年2月,率18人的"东征医疗队"到冀中前线救治伤员,不顾日军炮火威胁,连续工作69小时,给115名伤员做了手术。有一次,当某伤员急需输血时,他主动献了300毫升的血,并且他还倡议成立并参加了志愿献血队。有些伤员分散在游击区居民家里,他就和医疗队冒着危险去为他们做手术。做了手术315次,建立手术室和包扎所13处,救治伤员1000多名。

为了适应战争环境,方便战地救治,就改为流动医院,组织制作了药驮子,可装做100次手术、换500次药和配制500个处方所用的全部医疗器械和药品,被称为"卢沟桥药驮

子";制作了换药篮,被称为"白求恩换药篮"。7月初,回到冀西山地参加军区卫生机关的组织领导工作,提议开办卫生材料厂,解决了药品不足的问题;创办卫生学校,培养了大批医务干部;编写了《游击战争中师野战医院的组织和技术》《战地救护须知》《战场治疗技术》《模范医院组织法》等多种战地医疗教材。还将自己的X光机、显微镜、一套手术器械和一批药品捐赠给军区卫生学校。

白求恩在前线,曾多次给毛泽东写信,汇报他的工作情况,对医疗工作提出不少建议。毛泽东也非常关心白求恩的工作和生活。毛泽东在给晋察冀边区聂荣臻司令员的电报中指示:"请每月付白求恩一百元。白求恩报告称松岩口医院建设需款。请令该院照其计划执行。同意任白求恩为军区卫生顾问。对其意见、能力完全信任。一切请视伤员需要斟酌办理。"白求恩很感谢毛泽东对他的关心,他在复电中说:"我自己不需要钱。因为衣食等一切均已供给。该款若是由加拿大或美国汇给我私人的,请留作烟草费,专供伤员购买烟叶及纸烟之用。"

1939年10月下旬,在涞源县摩天岭战斗中抢救伤员时左手中指被手术刀割破,后来给一个外科传染病伤员做手术时受感染,仍不顾伤痛,坚决要求去战地救护。他说:"你们不要拿我当古董,要拿我当一挺机关枪使用。"随即跟医疗队到了前线。终因伤势恶化,转为败血症,医治无效,于11月12日凌晨在河北省唐县黄石口村逝世。他在生命的最后时刻,仍怀着崇敬的心情,想念着毛泽东。他握着周围同志的手说:"请转告毛主席,感谢他和中国共产党给我的帮助。我相信,在毛主席的领导下,中国人民一定会获得解放。"

1939年11月17日,晋察冀边区党、政、军领导机关和驻地群众为他举行了隆重的葬礼。1939年12月

【本科课程】

麦吉尔大学开设农业经济学、环境学、视频科学、营养学、饮食学、生物资源工程、农产品、环境工程、非洲研究、人类研究、艺术历史、加拿大研究、计算机科学、东亚研究、经济学与会计、英语、环境学、法语、德语、西班牙语、国际发展研究、意大利语、语言学、数学、中东研究、音乐、政治学、哲学、心理学、社会学、概率学与统计学、软件工程、女性研究、幼稚园与早期教育等本科课程。

麦吉尔大学
MAI JI ER DA XUE

1日,延安各界举行追悼大会,毛泽东题了挽词,12月21日,毛泽东为八路军政治部、卫计委于1940年出版的《诺尔曼·白求恩纪念册》撰写《学习白求恩》一文(新中国成立后编入《毛泽东选集》第二卷时,题目改为《纪念白求恩》)),高度赞扬了白求恩的共产主义、国际主义精神,号召每一个共产党员向他学习,毛泽东在文中庄重地指出:"一个外国人,毫无利己的动机,把中国人民的解放事业当作他自己的事业,这是什么精神? 这是国际主义的精神,这是共产主义的精神,每一个中国共产党员都要学习这种精神。""白求恩同志毫不利己专门利人的精神,表现在他对工作的极端的负责任,对同志对人民的极端的热忱。"

"我们大家要学习他毫无自私自利之心的精神。从这点出发,就可以变为大有利于人民的人。一个人能力有大小,但只要有这点精神,就是一个高尚的人,一个纯粹的人,一个有道德的人,一个脱离了低级趣味的人,一个有益于人民的人。"

1940年4月,在河北省唐县军城南关建立了白求恩墓。晋察冀军区决定将军区卫生学校和模范医院分别命名为白求恩卫生学校和白求恩国际和平医院;1952年,白求恩的灵柩迁入石家庄烈士陵园。

1972年,白求恩的故国加拿大政府追认白求恩为"具有国际影响力的英雄"。

1991年, 以白求恩命名的白求恩奖章作为当年卫计委第14号部长令发布的《全国卫生系统荣誉称号暂行规定》中设置的荣誉称号,由人事部、卫计委共同颁发。它是对全国卫生系统模范个人的最高行政奖励。凡获得"白求恩奖章"者,同时接受荣誉证书和通报表彰,并享受省、部级劳动模范待遇。

2009年10月,在由中国国际广播电台、中国人民对外友好协会、中国国家外国专家局共同主办,由国际在线网站承办,共有5 600多万人次网友投票,评选百年来对中国贡献最大、最受中国人民爱戴或与中国缘分最深的国际友人的"中国缘·十大国际友人"网络评选中,当选"十大国际友人"。

【本科课程】

麦吉尔大学开设中学教育、英语教学、法语教学、化学工程、土木工程、计算机工程、电子工程、材料工程、机械工程、矿产工程、法律学、会计、经济学、金融学、普通管理学、信息系统、国际管理、投资管理、劳务关系管理、市场营销、数学、心理学、生物化学、计算机科学、生理学、大气科学、地球与行星科学、物理学、化学、软件工程、音乐、护理、职业治疗等本科课程。

大事年表

1890年3月3日白求恩出生在加拿大北部小镇格雷文赫斯特。

1916年毕业于多伦多大学医学院,获博士学位。

1922年被录取为英国皇家外科医学会会员。

1923年,白求恩通过了非常严格的考试,成为英国皇家外科医学院的临床研究生。

1926年夏天,白求恩不幸染上了肺结核。

1928年初,病愈后的白求恩回到加拿大蒙特利尔,成为麦吉尔大学医学院附属教学医院皇家维多利亚医院加拿大胸外科开拓者爱德华·阿奇博尔德医生的第一助手。在这里,他发明和改进了12种医疗手术器械,还发表了14篇有影响的学术论文。他最有名的仪器是白求恩肋剪,今天仍然在使用。

1933年被聘为加拿大联邦和地方政府卫生部门的顾问。

1935年被选为美国胸外科学会会员、理事。

1935年11月加入加拿大共产党。

1936年冬志愿去西班牙参加反法西斯斗争。

1937年12月前往纽约向国际援华委员会报名，并主动请求组建一个医疗队到中国北部和游击队一同工作。

1938年1月2日，他带着足够装备几个医疗队的药品和器材，从温哥华乘海轮前往香港。

1938年3月31日，率领一个由加拿大人和美国人组成的医疗队来到中国延安，毛泽东亲切接见了白求恩一行。

1938年8月，任八路军晋察冀军区卫生顾问。

1938年11月至1939年2月，率医疗队到山西雁北和冀中前线进行战地救治，建立手术室和包扎所13处，救治大批伤员。

1939年7月初，回到冀西山地参加军区卫生机关的组织领导工作。创办卫生学校，培养了大批医务干部；编写了多种战地医疗教材。

1939年10月下旬，在涞源县摩天岭战斗中抢救伤员时左手中指被手术刀割破感染。

1939年11月12日凌晨，因手术中被细菌感染转为败血症医治无效，在河北省唐县黄石口村逝世。

纪念白求恩

1939年11月12日清晨5时20分，诺尔曼·白求恩同志为了中国人民的解放事业和世界反法西斯的正义斗争，献出了他宝贵的生命。

毛泽东得知白求恩牺牲的消息后，非常悲痛，同年12月1日在延安各界追悼白求恩的大会上，

【硕士课程】

麦吉尔大学开设农业经济学、动物科学、人类学、建筑学、艺术历史、大气与海洋科学、生物化学、法学、哲学、宗教学、生物、生物医药工程、生物资源科学、生物技术、细胞学和解剖学、生物工程、化学、土木工程、交流科学与障碍、交流学、计算机科学、牙医科学、MBA、经济学、地理、历史、政治学、社会学、营养学等硕士课程。

他亲笔写了挽词："学习白求恩同志的国际精神，学习他的牺牲精神，责任心与工作热忱。"12月21日，毛泽东同志又亲笔写下了著名的《学习白求恩》一文，号召中国人民学习白求恩同志的共产主义精神和国际主义精神。

"感人心者，莫先于情。"一个人可以抵挡住形形色色的诱惑，却抵挡不住诚挚之情的莅临。说上一句动情的话，胜过滔滔万言；白求恩之所以名垂青史，除了他的献身精神外，还有他的细微、诚恳的情谊。充满诚挚情感的话语好似春风，能够吹绿田野上的小草。

2011年3月3日，白求恩121周年诞辰，"白求恩公益救助计划"在北京正式启动。为纪念白求恩、弘扬白求恩精神，中国医师协会首次组织并运用国内外医学专家、学术机构和临床救助医院开展公益协作机制，在全国范围内开展十大疾病免费公益筛查及救助活动，并开通白求恩在线公益救助平台，公示救助信息。

群众血库

1938年6月，白求恩在五台县松岩口军区后方医院讲授输血技术。"输血"在当时是一个比较新鲜的技术，中国在大城市只有少数几家医院才能开展。在野战医疗条件下输血，是人们连想也不敢想的事情。

【硕士课程】

麦吉尔大学开设地球与行星科学、东亚研究、经济学、咨询心理学、教育心理学、电子工程、英语、流行病学、食品科学与农业化学、法语与文学、德语、西班牙研究、遗传学、图书馆与信息研究、文化与教育价值、教育领导学、课程研究、第二外语教育、语言学、数学与统计学、接机械工程、辐射物理、矿产工程、职业健康科学、病理学、实验心理学、音乐、作曲等硕士课程。

白求恩大夫首先详细讲述了采血操作、标准血型制作、血型鉴定、配血试验、储存、运输、保管等基本知识，接着推来一名胸部外伤的患者说："现在，我来操作，你们谁第一个献血？"

"我来献。"32岁的卫生部部长叶青山挽起袖子。

验过血型，白求恩大夫让叶青山和病人头脚相反躺在床上，拿出简易输血器。带着针头的皮管连接在他们靠紧的

左右两臂静脉上，皮管中间一个三通阀门，阀门上联着注射器。白求恩把阀门通向叶部长，抽拉针栓，殷红的鲜血便流入注射器，再转动阀门，血液便流入病人体内。

大家热烈鼓掌，战地输血在我军野战外科史上第一次取得成功。

第二个病人推来了，白求恩主动躺在了他的身旁不容置疑地说："我是O型血，抽我的。"消息传开，边区的农会、武委会、妇救会纷纷响应，上

千人报名献血,很快组成了一支150人的献血预备队。白求恩高兴地称之为"群众血库"。

卢沟桥

1939年夏,白求恩在晋察冀卫生学校教学,讲授《野战外科示范课》。刚一上课,白求恩先对护士赵冲说,把"卢沟桥"打开。"卢沟桥"是白求恩为野战手术而设计的一种桥型木架,搭在马背上,一头装药品,一头装器械。护士把"卢沟桥"搬下来,拿出东西,不一会儿,手术台、换药台、器械筒、药瓶车、洗手盆等一一就绪,医生、护士、司药、担架员、记录员各就各位,简易手术室就布置好了。下一步是示范伤员进入手术的过程,伤员从门外被抬入、搬动、解绷带、检查伤情、换药、包扎或手术都井然有序。第三步是手术室的撤收,全部用品有条不紊地归位,最后把"卢沟桥"驮到马背上。

白求恩大夫说,当一名好医生不仅要技术好,还要时刻准备上前线。

抗洪

1939年7月间,连续十几天的特大暴雨使唐河水位猛增,泛滥成灾的洪水席卷着河北顺平县神北村。这里驻扎着军区卫生学校。正在撰写《师野战医院组织与技术》一书的白求恩就住在学校隔壁。

肆虐的洪水冲走了房屋、树木、秩序和庄稼。白求恩心痛极了。他站在河边脱下衣服,想下河捞取水中的农具,几名老乡死死地把他拉住说:"我们不让你

【博士课程】

麦吉尔大学开设咨询心理学、教育心理学、应用儿童心理学、电子工程、英语、流行病学、食品科学与农业化学、法语与文学、德语、西班牙研究、遗传学、图书馆与信息研究、教育研究、语言学、数学与统计学、医药物理、矿产工程、职业健康科学、病理学、临床心理学、实验心理学、音乐教育等博士课程。

冒险。"白求恩无可奈何地叹了口气。

洪水威胁着卫生学校的安全,上级决定将学校转移到河西岩。白求恩知道后立刻找到学校说:"我水性好,我要参加你们的突击队"。没有渡船,大家用大筐箩绑在梯子上当运载工具。白求恩和突击队的小伙子们跳进水中,十人一排,手挽手,一趟一趟来回运送着物资。白求恩的侧泳游得很棒,他一边用力推梯子,一边还风趣地讲他在家乡湖中练习游泳的故事。

遗言

1939年10月28日,"冬季扫荡"的日寇疯狂扫荡抗日根据地。在涞源县孙家庄,哨兵催促正在做手术的白求恩大夫赶快撤离。白求恩却说:"加快手术速度。"当时躺在手术床上的战士叫朱德士,大腿粉碎性骨折。白求恩为了与敌人抢时间,不慎刺破手指。他将手指伸进消毒液中,浸泡了一下,坚持缝完最后一针才转移。10分钟后,敌人冲进村庄。

白求恩的手指发炎了,炎症一天天加重。11月1日,又抢救一名丹毒合并蜂窝组织炎的伤员吴明。这是外科一种烈性传染病,发炎的手指第二次受到细菌致命的感染。后来,在手指疼痛的折磨中,他又连续做了13台手术,并写下了治疗疟疾病的讲课提纲。

11月7日,白求恩病情迅速恶化,左肘关节下发生转移性脓疡,领导强迫白求恩向后方医院转移。当到达南太平地时,白求恩听到前沿有枪声,便叫担架停下来,想到阵地看一看伤员。但此时他高烧已达40℃,浑身瘫软。10日到达唐县黄石村,白求恩的病情已十分危险。大家很着急,白求恩却平静地说:"我得了脓败血症,没有办法了……请转告毛主席,我相信中国人民一定会获得解放,遗憾的是我不能亲眼看到新中国诞生了……。"

11月12日清晨5点,白求恩大夫与世长辞,灵柩被秘密掩埋在村南青山秀水

【知名校友】

安德鲁·维克托·沙利(Andrew Victor Schally),1957年在麦吉尔大学获生物化学博士。他创立了放射免疫测定法,因"在脑垂体激素生产方面的发现",1977年与美国同行罗加·吉尔曼和罗卡林·耶洛分享了1977年诺贝尔生理学或医学奖。

的狼山沟门。

中加建交时

20世纪70年代中加建交,加拿大总理特鲁多访华,访华之前,加方关于送什么国礼给中方产生了争论。有人说送一只加拿大特有的麋鹿;有人说加拿大的农场主愿意送中国一些农业机械;有人说塑一尊华工的雕像,因为华工为加拿大修建铁路付出了很多努力。这时加拿大外交部的一位官员的话,给特鲁多很深的印象,这位官员刚从法国回来,他回来之前参加过中国驻法国大使馆的一个猜谜语活动,其中有一道题目,全球知名度最高的加拿大人是谁?

很多人都没有猜出来,后来是一个华裔小学生猜出是白求恩,当时令这位官员很震惊,他说在加拿大没有多少人知道白求恩,中国使馆工作人员解释道:"在中国有八亿人口,至少有六亿人知道白求恩,他当然是全球知名度最高的加拿大人。"特鲁多经研究后,派人到白求恩的家乡,得知白求恩家乡还有他的一些遗物,特鲁多决定就以这些遗物为中加建交加方送给中方的礼物,并将白求恩的故居开辟为博物馆。

电影《白求恩大夫》

电影《白求恩大夫》是由张俊祥、赵拓在1963年写成的;1964年春天拍成电影,因为当时的政治和经济环境的限制,影片只拍了后四章,而无法完成第一章有关描写白求恩在加拿大和西班牙的事迹。

1965年1月,江青看了样片,说:"这个题材根本不能拍。毛主席已经写了文章了,你们还想怎么样?"就这样,此片被一直束之高阁。

"文化大革命"结束后,经过一些整理,该片终于在1977年国庆公开放映。

电影是根据周而复同名小说改编。诺尔曼·白求恩是伟大的国际主义战士,加拿大劳工进步党党员,著名外科医生。第二次世界大战期间,白求恩从西班牙马德里前线回到美洲,正在加拿大和美国旅行演讲。在国际援华会的支持下,他立即组成了一个医疗队,决定来华支援中国人民的抗日战争。

1938年初他远渡重洋,突破重重阻挠,到达延安,并在同年6月进入晋察冀抗日根据地。在这里,白求恩被任命为军区的医药顾问,受到根据地干部、战士和老百姓的热烈欢迎。刚刚安顿好,白求恩便开始了紧张的工作,在很短的时间内,对军区所属医院进行了视察。他发现这里的情况比想象的还要差,没有正规医院,没有正规手术室,缺乏有技术的外科医生,缺乏必备的医疗器械。为了解决这些困难,白求恩首先向军区司令员请示,办一个示范的后方医院,调各分区最好的医生来加以训练。然后,他又写信让加拿大的朋友寄一些医疗器械。在训练班,白求恩自己撰写讲义,向学员们认真传授外科手术的技术。学员们虽然文化水平较低,但十分刻苦,因此,也增加了白求恩的信心。经过培训,军分区各医院医生的技术水平明显提高。

白求恩还不顾个人安危亲自到最前线为伤员做

术航母

【知名校友】

神经外科学家怀尔德·彭菲尔德（Wilder Penfield），在麦吉尔大学时对人脑的工作机制、心理与记忆的机理进行了探索。他的发现和他对癫痫及言语缺失症所进行的有效治疗为1934年建立的世界著名的蒙特利尔神经科学研究院奠定了基础。

手术。一次，三五九旅在山西灵丘打一个比较大的伏击战。白求恩率医疗队奔赴前线，在一个破庙里，白求恩布置了一个手术室，为伤员做手术。徐连长负重伤，失血过多，白求恩抽自己的血为徐连长输血，挽救了徐连长的生命。眼看炮火紧逼破庙，有的炮弹就落在庙的附近。白求恩仍坚持做完最后一个手术才撤离。

白求恩在这里看到了许多奇迹发生，许多外界不了解的事情。他希望把中国人民的抗日斗争的情况，告诉全世界的人民。他决定回加拿大一趟，军区开了欢送会，童秘书、方大夫送白求恩到小河边。突然远方传来紧急集合号声，白求恩停下脚步决定暂时不走了，觉得这里更需要他。白求恩又上前线了，并转战各处，最后参加了著名的黄土岭战役。在前线的临时手术室，白求恩正在做一个手术，敌人突然进行猛烈的进攻，方大夫劝白求恩赶快撤离，白求恩说这是一个腹部手术，一定不能耽搁，否则有生命危险。他坚持做完了手术，但在手术中手指却被划破。后来回到医院，白求恩又坚持做了两个手术，不慎手套破了，手被感染，他不幸患上血液中毒症。由于根据地医药缺乏，白求恩经抢救无效，不幸病逝。

人物传记

一对加拿大夫妇撰写的传记《凤凰：诺尔曼·白求恩的一生》共488页，附77幅照片，记载了白求恩的一生。全书采访了近300人，包括白求恩的后人、朋友、同事和病人，其中近50名受访者是中国人。书中还收录了白求恩的信件、在中国的死亡证明、去世10天前的工作记录以及一些以前未公开过的资料。

作者罗德里克·斯图尔特和莎伦·斯图尔特是一对夫妇。他们在新书发布会上介绍说，他们从1969年开始研究白求恩，曾于1972年、1975年和2005年专程前往中国采访。此外，他们多年来也在加拿大、西班牙和美国等地收集白求恩的资料。

莎伦说："我们希望通过此书展示白求恩的一生，就像凤凰一样。他很有才华，取得了很多成就，但他仍然不停地努力，直到走上正确的道路，最终在中国实现自己的理想。"

中国驻多伦多总领事陈立钢在发布会上表示，白求恩是中国人民的好朋友。他把加拿大人善良、友好和热情的性格展现给了中国人民。

白求恩的外甥女琼·林德利也出席了发布会。已82岁高龄的林德利仍记得舅舅年轻时的形象。她回忆说，白求恩在年轻时就对医学十分着迷。他去世的消息传到家里，林德利的母亲，也就是白求恩的姐姐，当时非常难过。

白求恩于1890年出生于加拿大安大略省格雷文赫斯特镇，后毕业于多伦多大学。20世纪30年代末，他投身到中国抗日战争中，在晋察冀边区担任战地医生。

麦吉尔小百科

麦吉尔大学一直保持着和其他古老大学在学术和运动上的竞争。每年，麦吉尔大学和加拿大另一所著名大学皇后大学会举行赛艇比赛，灵感来自著名的牛津—剑桥划船比赛。而足球的竞争，开始于1884年。在一年一度的"四老"足球比赛中，加拿大最古老的四所大学，麦吉尔大学、皇后大学、多伦多大学、西安大略大学在足球比赛中一决雌雄。麦吉尔大学女足常年独占鳌头，而西安大略大学男足往往夺取桂冠。

第四章　世界精英的摇篮

　　建校 185 年来，麦吉尔大学一直是蒙特利尔的骄傲，她孕育了无数著名的思想家和科学家，其中有 9 位获得诺贝尔奖，3 位宇航员，两位加拿大总理，11 位最高法院法官，9 位奥斯卡金像奖（Academy Award），3 位加拿大以外国家领导人，3 位普利策奖得主和 28 位奥运会奖牌得主。

第一课　物理学家威拉德·博伊尔

在世界的历史中，每一伟大而高贵的时刻都是某种热忱的胜利。

威拉德·博伊尔（Willard Boyle），加拿大物理学家，2009年诺贝尔物理学奖得主，数码相机图像感应器发明人之一。

1924年威拉德·博伊尔出生于加拿大，在麦吉尔大学获得博士学位；1953年加入贝尔实验室，曾代表贝尔实验室为美国国家航空航天局（NASA）提供技术支持，并发明了第一台用于医学以及NASA的登月计划选址所需的激光器。

2009年，他与贝尔实验室的同事乔治·史密斯（George E. Smith）因为发明数码相机图像感应器——"感光半导体电荷耦合器件（CCD）"而一同分享了当年的诺贝尔物理学奖。

1924年8月19日，威拉德·博伊尔出生于加拿大东部新斯科舍省小镇阿默斯特，3岁时随家人搬迁到魁北

克城以北350千米的一个小村庄，这里交通不便，出行基本依靠狗拉的雪橇，因此上高中前博伊尔都是在母亲的指导下进行自学的。

博伊尔高中时代在蒙特利尔的一家私立学校度过，高中毕业后即加入加拿大海军，成为航空母舰战斗机飞行员参加第二次世界大战，但不久二战就结束了，博伊尔从没参与过真正的战斗。

1947年、1948年和1950年，他分别在麦吉尔大学取得理学学士学位、理学硕士学位和博士学位。

1953年他加入了美国贝尔实验室。今天，提起博伊尔，人们知道他曾经是CCD图像传感器两名发明者之一，但实际上他作出的贡献远远不止这些，这其中包括1962年与他人合作发明第一台红宝石连续激光器等。

博伊尔还曾经与另一名科学家共同获得了有关半导体注入式激光器设想的第一个专利。

今天，光碟（CD）录制和播放大多需要依靠半导体激光器技术。

2009年10月6日，瑞典皇家科学院宣布，美国科学家威拉德·博伊尔和乔治·史密斯因发明电荷耦合器件（CCD）图像传感器而与"光纤之父"高锟一同获得2009年诺贝尔物理学奖。

威拉德·博伊尔因肾病于2011年5月7日不幸逝世，享年87岁。

人物评价

评委英厄马尔·伦德斯特勒默手持一部数码照相机深入浅出地描述了两位科学家的成就。

他说，博伊尔和史密斯1969年共同发明了CCD图像传感器。这个传感器好似数码照相机的电子眼，通过用电子捕获光线来替代以往的胶片成像，摄影技术由此得到彻底革新。

　　此外，这一发明也推动了医学和天文学的发展，在疾病诊断、人体透视及显微外科等领域都有着广泛用途。

　　在记者招待会上，厄奎斯特还拨通了博伊尔的电话向他表示祝贺。85岁高龄的博伊尔表示，能够成为2009年的诺贝尔物理学奖获奖者他非常激动，自己从来没有想过会获得诺贝尔奖。

　　同样获奖的博伊尔与史密斯的第一反应相似，也不敢相信这一喜讯。"今天早上我还没喝咖啡，所以感觉不太好。但是，现在我全身都有种美妙的感觉，这真是太令人激动了，"博伊尔说，"不过，这是真的吗？"

　　"正是因为我们的成果，小型照相机才风靡全球。"在博伊尔看来，他们的发明确实成就非凡，"当火星探测器在火星上着陆的时候，它也带了一个小相机——没有我们的发明，那是不可能的。"

第二课　管理学大师亨利·明茨伯格

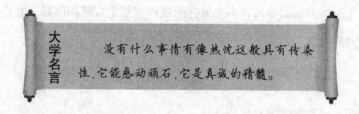

大学名言

没有什么事情有像热忱这般具有传染性，它能感动顽石，它是真诚的精髓。

个人简介

亨利·明茨伯格（Henry Mintzberg），在全球管理界享有盛誉的管理学大师，经理角色学派的主要代表人物。在国际管理界，加拿大管理学家亨利·明茨伯格的角色是叛逆者。他是最具原创性的管理大师，对管理领域常提出打破传统及偶像迷信的独到见解，是经理角色学派的主要代表人物。

明茨伯格始终是一个非常引人注目的人物。第一本著作《管理工作的本质》曾经遭到15家出版社的拒绝，但是，现在已是管理领域的经典。在管理领域风光30年，发表过近100篇文章，出版著作十多本，在管理学界是独树一帜的大师。明茨伯格一直都以他在管理领域所提出的大胆、创新和颇具开拓精神的观点而为人所瞩目，他的思想非常独特，人们按常规思路往往不太容易接受。也正因如此，他被很多正统学者认为是离经叛道的代表人物。

然而谁也无法否认的是，明茨伯格颇具震撼性的新观点带给管理界的震动犹如当年美国著名的抽象表现主义画家杰克森·波洛克（Jackson Pollock）的绘画带给当时艺术界的震撼一样。每次当明茨伯格提出任何新的理论和观点之时，整个管理界都会为之沸腾，如今依然如此。现就任于加

拿大麦吉尔大学管理学院管理学讲座教授，克雷霍恩（Cleghorn）讲座教授和位于法国的欧洲工商管理学院（INSEAD）组织学客座教授。

亨利·明茨柏格获麻省理工学院（MIT）的斯隆管理学院管理学硕士学位和博士学位。在欧洲工商管理学院（Insead）、伦敦商学院、埃克斯·马赛大学、卡内基·梅隆大学和蒙特利尔高等商学院等学校担任访问学者。

亨利·明茨伯格1939年出生于加拿大多伦多市，他是一位管理战略家，无论他自己是否承认。明茨伯格现任加拿大麦吉尔大学管理学研究荣誉教授，法国知名学府欧洲工商管理学院也为他留有教职。考虑到他对商学院教育方式、结构和权力的猛烈抨击，他和商学院的渊源在某种程度上相当出人预料。

在获得麻省理工学院斯隆管理学院的管理学博士学位之前，他在蒙特利尔的麦吉尔大学学习机械工程。明茨伯格是第一位当选为加拿大皇家社会学协会会员的管理学研究方面的学者，他曾四次在《哈佛商业评论》上发表文章，其中两次获得"麦肯锡奖"。1988——1989年间，他曾经担任战略管理协会主席，就在他的领导地位得到肯定之后，他却宣布了战略管理衰落的概念。明茨伯格的身上充满了悖论，他因此获得了"管理领域伟大的离经叛道者"的头衔。

理论思想

明茨伯格是管理者角色学派的代表人物，他在组织管理学方面的主要贡献在于对管理者工作的分析。1973年，明茨伯格以一本《管理工作的

本质》(The Nature of Managerial Work)一举成名,书中揭示了管理者的三大类角色:人际角色、信息角色、决策角色,仔细考察了管理者的工作及其对组织的巨大作用,并就如何提高管理效率为管理者提供了建议。

目前,中国职业经理人队伍还处在初创期,职业经理人对企业的作用逐步被认同。这种背景下,明茨伯格关于经理工作对组织作用的分析,非常有助于职业经理人认清自己的价值。体现了明茨伯格战略思想的《五重组织》出版于1983年,明茨伯格写道,企业应该废除传统的界线和职能上的分工,等级制度已经过时了,如今最有效的组织形式就是非正规的、不定型的团队,这些团队有频繁的人员更替,而且当旧的问题渐渐隐退,新的问题浮出水面时,团队的工作内容也会发生相应的变化。明茨伯格把这种形态模糊的工作环境命名为"临时委员会组织"(adhocracy)以区别于"官僚组织"(bureaucracy)。

传统的战略理论认为制定战略是高层管理者的职责,他们应冷静地考虑并制定战略。对此,明茨伯格大不以为然,他的理论矛头直指僵硬刻板的战略方针,战略方针虽然还没有被完全淘汰出局,但他在《战略性计划的沉浮》(2000)中已经宣布了它的死亡,战略性计划的失败是不可避免的,因为战略和计划是矛盾的对立面:战略是综合,计划是分析。战略经常会伤害人们的决心,扭曲人们对未来的设想。

明茨伯格对管理学教育,尤其是MBA教育也颇有微词,他广为流传的

【名人语录】

若想成为人群中的一股力量,便须培养热忱。人们因你心与热诚而更喜欢你;而你也得以逃离枯燥不变的机械式生活,无往而不胜。不会有别的,因为人类的生活就是这样,把灵魂放入工作之中,你不仅会发现每天中的每小时都变得更愉快,而且会发现人们都相信你,恰如我们用发电机时相信电那样。

——约那桑·欧登·阿摩尔

一句名言是："MBA因为错误的原因用错误的方式教育错误的人。"他毫不掩饰自己对MBA这个头衔的态度，他曾经说过，受过MBA教育的人都应该在自己的前额文上骷髅和交叉骨头标志，下面再注明："本人不能胜任管理工作。"他的批评言论都收集在《管理者，而非MBA》一书中，他说："坐在教室里学不到领导一个企业的方法。"领导力和管理是密不可分的。明茨伯格的发难得到了数个国际管理学教育巨头的响应，他们试图将管理学转化为

一门科学，或者是一种职业，忽略它在情绪上不够理性的方面。

商学院教的是商业管理上的各种功能，而不是管理实践本身，它们向学生反复灌输狭隘的、唯利是图的思维方式，漠视社会责任感。这样教育出来的人通常把手下的员工看作是一种资源，而不是活生生的个人。明茨伯格对管理咨询也非常不满，他认为传统的MBA毕业生就像病毒一样从机体内部摧残管理实践，他们使公司对其他形式的管理方法视而不见，培训经理的方法也单一化。明茨伯格绝非以旁观者身份挑剔指责MBA教育，他身体力行地在麦吉尔大学建立了自己的管理培训项目——国际实践管理教育（IMPM，International Masters in Practicing Management），这个项目是为那些有一定世界顶级公司管理经验的人专门设计的。

明茨伯格曾数次受邀来华举办讲座，他认为："MBA在中国起步要比美国等发达国家晚得多，完全可以从正确的道路开始。"明茨伯格对MBA教育的批判在中国的管理界和教育界引起了震动，在MBA办

【名人语录】

　　我们若要生活，就该为自己建造一种充满感受、思索和行动的时钟，用它来代替这个枯燥、单调、以愁闷来扼杀心灵，带有责备意味和冷冷地滴答着的时间。

——高尔基

麦吉尔大学
MAI JI ER DA XUE

学方兴未艾的势头里,明茨伯格石破天惊的言论至少开拓了一个思考的空间。

明茨伯格是性情中人,他决不掩饰自己对某些行业的反感,比如他在《我为什么痛恨坐飞机》(2001)里对航空公司极尽嘲弄挖苦之能,他说他并不在乎坐飞机,他讨厌的是航空公司和机场,它们自诩拥有一流的管理水准,承诺保证顾客的舒适,但实际上,空中旅行是种折磨,无论是像"沙丁鱼"一般挤在经济舱还是在头等舱里"备受照顾"。他也指责如今的企业受大股东们的利益驱使,已经普遍地失去了社会责任感,明茨伯格认为很多公司摆出关注社会的姿态无非是做做表面文章,在股票业绩面前,所有的社会责任和道德伦理都是一句空话。

访谈亨利·明茨伯格

记者:您是在什么样的社会和思想背景下研究和发展出来诸如战略手艺化、对美式MBA教育的反思和批评等这类重要思想论点的?

亨利·明茨伯格:当你推开窗子向外望时,总会看到一个天然的美丽风景。对于每个人来说,关键是把视野放到更远的地方,不仅仅看窗外,同时也要看地面,看一看人们正在做什么。在《皇帝的新装》故事中,虽然大家都知道皇帝身上没有穿着衣服,但只有那个小男孩有勇气说出真相。这种直面现实的勇气最为重要。我认为我在整个研究过程中就是面对现实,

而对大多数人来说,他们不愿意面对现实,只愿意随大流,所以他们无法与众不同。我只不过是把自己所看到的东西展示给大家。

作为一个加拿大人,我认为美国人总是过分神化经理人,把他们当作

是英雄和偶像。实际上他们并没有认真研究这些经理人究竟在做什么。我很惊讶，我认真地研究了他们日常的工作，把事实披露出来。通常有人认为，经理人的工作就是计划、协调和控制这三方面的内容，但是这些简单词汇并没有概括经理人日常生活的真正内容。这也是当初我写《管理工作的本质》一书时的想法。

记者：直面现实是你理论研究的出发点，但是思想和观点的产生总会被更为深刻的文化或者社会思潮所影响和决定，你觉得有没有一些其他的社会学、哲学乃至于宗教的因素对你管理学思想的发展产生影响？

亨利·明茨伯格：大家在研究管理学，我研究管理学之后，大家也纷纷去研究我，希望看一看我的精神资源。我父亲是一个公司的总裁，所以我对他工作中的一些事情感到非常有意思，愿意去研究。我现在还不知道究竟是什么样的原因让我去深入了解管理学的实质，尽管我在公共生活之中确实是去解决组织或者管理方面的问题，但是在私人生活之中，我其实是一直在回避组织和管理学的。我不能确定是什么样的社会背景和宗教的来源促使我能够深入地研究管理学。我对于像心理学或者微观经济学等方面的东西都不是特别感兴趣，它们太琐碎，太复杂。

我一直以来做的最主要的事情就是，研究人与人之间的交互活动，研究人努力活动的架构是什么样的。比如，人是如何组织起来的，进而把事情完成。现在我的整个视野又放到更加宽泛的社会架构上去，正在研究的课题是如何形成一个更为平衡的社会。

我认为对于平衡社会的研究是对原有管理学研究的一种传承和推进。任何一个好组织的基本原则和观点都是一样的。比如，东欧共产主义衰败之后，美国式的资本主义取得了成功。后者之所以成功，我认为在很大意义上是因为它实现了某种平衡。现在西方社会之中出现的一些失衡，是因为各种经济力量之间的不平衡。

对于一个社会来说，通常是市场、政府和社会组织三个部分相互制约才能形

【经典语录】

在你不害怕的时间去斗牛，这不算什么；在你害怕时不去斗牛，也没有什么了不起；只有在你害怕时还去斗牛才是真正了不起。

成平衡。如今政府和市场的力量过于强大,而社区和公民社会的发展受到破坏,特别是在北美社会中,这种情况很严重。中国现在是一个新兴市场,政府的权力很大,随着企业的发展,它们的势力也在壮大,而如何发挥社会组织的功能可能是构建平衡社会的一个关键问题。比如联想公司,在其成长之初,其所属的研究机构发挥了重要的作用,而这些机构正是在社会组织这一部分里,它们能够促进一个国家或者地区的经济发展。

记者:企业管理理论本身是一头大象,我们都只能看到它的某一部分,很难看清全貌。你对比如德鲁克、迈克尔·波特的理论有何看法?

亨利·明茨伯格:我不能对彼得·德鲁克的这些研究成果一概而论之,他毕竟做出了很多研究成果。在我的管理三角模型理论中,包括科学、艺术和手艺三个维度。迈克尔·波特重视分析的观点,更偏重科学这一维度,他在管理科学领域研究得很多,主要用分析的方法。德鲁克在科学及艺术两个维度都有研究,包括战略制定和战略分析方面。我认为,在管理研究中,应该是研究三个维度的综合,不能局限在某个方面。因此,管理者必须要有这种大局观。

【名人语录】

如果一个人身受大恩而后来又和恩人反目的话,他要顾全自己的体面,一定比不相干的陌路人更加恶毒,他要证实对方罪过才能解释自己的无情无义。

——萨克雷

记者:加拿大和美国有很大的区别吗,你为什么对美国式的一些观念有如此强的批判性?

亨利·明茨伯格:我认可美国管理学微观层面的一些做法,但宏观层面上却不怎么认可。美国管理学在宏观层面上非常重视技术性分析,讲究数字,讲究所谓的战略规划,但对宏观理念并没有很清醒的认识。昨天我坐飞机的时候碰到了一个人,他在芝加哥的一家高科技消费类电子产品公司工作。我们交谈时他告诉我自己的公司马上要被欧洲人打败了,但公司内的管理层却没有看到未来可能会发生什么,也没有做出及时的应对。在我看来,如今美国公司中有一个普遍情况,就是太多的MBA去管理公司,但他们对整个业务并不了解,也不在意。他们在意的是自己的薪酬水平、奖金或者是他们所能获得的股息。无疑,美国的经济会因此受到一定程度的破坏。

记者:中国是一个新兴市场,中国的企业也在迅速发展,从你个人的角度来讲,你觉得中国的企业会给管理学的发展带来什么启发吗?会有所谓的"中国式管理"出现吗?

亨利·明茨伯格:我不知道中国式管理的理念是什么,很难评论。但需要强调的是,任何一个国家都应该根据本国文化和实际情况去发现和整理自己的管理理念,复制任何其他国家的文化或者管理理念都非常危险。日本的管理理念之所以取得成功,是因为他们没有盲目复制美国的管理文化和观点。即使在美国,人们所提出的一些包括股东价值这样的观念,在一定时期也破坏了公司发展的积极性,现在人们希望改变这种状况。

记者:你一直不很赞成美国式的MBA教育,你认为一个合适的经理人培训应该是怎样的呢?

亨利·明茨伯格:传统的MBA教育招收的学生是非常年轻的,没有多少管理经验。人们认为在课堂之中就可以教他们管理,这是错误的。EMBA招收有多年工作经验的人士,但是课堂上还是按MBA方式来教育,这也是错误的。最为合适的职业培训,就是要招收那些有管理经验的人,在课堂上让他们去进行经

【名人语录】

提出一个问题往往比解决一个问题更重要，因为解决一个问题也许仅仅是一个数学上或实验上的技能而已，而提出新的问题、新的可能性，从新的角度去看旧的问题，却需要有创造力和想象力。
——爱因斯坦

验分享——这是他们学习的基础。在课堂分享经验，同时应用到自己的工作之中，这才是一个好的教育方式。像国际管理实践协会（IMPM组织），就采取了这样一种非常有效的分享实践经验的教学方式，现在很多亚洲人都参与到IMPM课程培训之中，如今有9个韩国人、4个日本人、3个印度人和1个中国人，我也希望有更多的中国人能够参与其中。

管理学就是这样，寻求复杂性，并且把它分解。如果管理企业的时候过于简单化，那可能会受到致命性打击。因此，管理者必须要有大局观。

记者：如果要推行IMPM，是否意味着要将传统商学院转型？这种不同于传统MBA的教育方式是不是一个小众模式，很难大规模商业化普及呢？

亨利·明茨伯格：传统商学院转型并不很难，比如说它可以有EMBA的课程，也可以有全职的MB——商业硕士学位，学习最基本的财务会计和商业知识；另外，有管理经验的人则去学MM——管理硕士学位，他们可以以经验为基础，相互之间进行分享，就是类似于IMPM项目。对于任何一个商学院，同时进行这两方面课程都不难。我预计10年之后，可能有很多商学院都会是这样的。很多商学院都盲目追寻美式商学院教育，但是英国已经开始反思，已经有很多以实践性为主体的项目去培训管理者，在美国这样的以实践性为基础的培训项目非常少。

我在《管理者，而非MBA》一书里引用了很多的数据，在1990年的时候，哈佛商学院推出了19名最优秀的毕业生，都是大公司的总裁，13年以后，到2003年时人们发现其中有10个是彻头彻尾的失败，还有4个的业绩是值得怀疑的，剩下的5个（包括IBM前CEO郭士纳在内）业绩相当不错：在19个里面只有5个基本上取得了成功。没有商学院对这个数据进行探究，没有人愿意去面对这样的事实。很多商学院去研究别人的数据，从来不去研究自己的数据，我们所要考察的是接受商学院教育之后的管理人士的业绩做得如何，这是最关键的。在哈佛商学院，人们通常通过人际关系网络就能很容易地获得一个高级职位，但是在成为管理者之后，他们的业绩如何呢？这方面的数据，很少有人仔细探究。

记者：你如何看待网络经济的兴起给管理学带来的变化？

亨利·明茨伯格：对于整个企业来说，网络经济会带来巨大影响，这不可否认。但对于整个管理实践，我不认为它会带来很大的影响。我正在重新修订我的第一本书《管理工作的本质》，我发现，信息技术对于管理工作本身没有带来特别大的影响，尽管这些人也会同别人一样使用电子邮件。如果发生了根本性的变化，那很有可能会使得管理者的工作面临非常大的困境——如果一个人整天坐在电脑前去管理一家公司，那肯定管理不好。

比如今天的采访也可以通过电子邮件，或者打电话到加拿大蒙特利尔跟我联系。但是之所以你们选择了面对面的交谈，就是希望通过这种形式获得更多关于我的信息。一个管理者，究竟是想听到公司最大的客户昨天跟竞争对手去打高尔夫的小道信息呢，还是去读一个信息技术所支持的报告，说他的这个客户丢失了。

记者：按照你对全球化的理解，你如何看待中国企业国际化的进程？

亨利·明茨伯格：很多人都在关注着中国，这是个好事情。但你能列出一个中国本土的全球性公司吗？丰田公司前10位高级管理人中有多少是日本人？IBM呢？在世界各地都有办事处的全球性覆盖和全球化的思维方式是不一样的。比如通用汽车公司5年之前在北美市场汽车

销量大概占据了81%的市场份额。我的一个同事界定了一个全球化公司的标准,在北美、亚洲地区的市场份额应该各达到20%。在"财富500强"中,只有8家公司达到了这个标准,我们怎么老谈全球化呢?

什么是全球化?究竟是思维方式的全球化呢,还是各个方面平衡的全球化呢?全球化并不是一个最新的概念,在100年前,俄国就已经受到全球化的冲击。全球化或许意味着你没有自己的根,可以是来自任何一个地方,但是全球化的企业应该知道自己的根源在哪儿。探求全球化究竟意味着什么? 其实,管理学就是这样,寻求复杂性,并且把它解构。如果管理企业的时候过于简单化,那可能会受到致命性打击。

个人荣誉

2000年,因对管理学所做出的贡献获得管理学会颁发的杰出学者奖。1998年,明茨伯格被授予加拿大国家勋章(加拿大最高荣誉)与魁北克勋章。1995年,该年度最佳著作《战略性计划的沉浮》获得管理学会的乔治·泰瑞奖。1980年,成为加拿大皇家协会的会员,是该协会第一位管理学教授出身的会员。

明茨伯格1939年9月2日出生于加拿大的一个普通家庭。父亲是一家生产女装的小公司的管理者。当明茨伯格还是个孩子时,他就想知道父亲在办公室里做些什么。他在1993年所写的自传中表明,那只是一时的好奇而已,与后来走上管理学的道路并无必然关系。

可以肯定的是,明茨伯格是一个普通的孩子,他在学校的表现并不差,但也绝对算不上出类拔萃。高中毕业以后,因为喜欢拆开东西(他坦承很少能把它们恢复原样),明茨伯格进入位于蒙特利尔的麦吉尔大学攻读机械工程学,成绩中等偏上。毕业后,他在加拿大国家铁路公司(Canadian National Railways)从事操作研究工作。其间,他的兴趣逐渐转向

【名人语录】

教育者应当深刻了解正在成长的人的心灵……只有在整个教育生涯中不断研究学生的心理,加深自己的心理学知识,才能成为教育工作中的真正能手。

——苏霍姆林斯基

人们如何工作上。

1908年MBA教育在哈佛商学院诞生,战后逐渐兴起,到60年代开始走红。也就在那个时候,明茨伯格在叔叔杰克的鼓励下,到MIT(麻省理工学院)攻读管理学,他的人生轨道也由此改变。拿到博士学位后,明茨伯格回到了麦吉尔大学任教。他的"离经叛道"在1973年出版的第一本书中就初见端倪,当时大约有十多家出版社拒绝了他的这一著作。和大多数学者不同,明茨伯格细心观察管理者在办公室的一举一动,结果发现真正的老板把大多数时间都用在快速对付危机上,而这一观点直到今天才被很多管理学家接受。教授们一般都善于提出具有挑战性的问题,而明茨伯格却一直在完善答案。他把整个学术生涯都致力于了解管理者如何决策以及他们如何发展战略上。

1998年,他在一张纸上写下了自己的奋斗目标,并把它锁在蒙特利尔一家银行的保险柜里。某一天他可能会打开它,看看自己是否完成了心愿。其中一条就是"改变管理教育"。越洋电话中问他是否打开保险柜时,教授笑着说:"还没有,我也不知何时会去取。纸上的不少目标都很有野心,未必能实现。"

明茨伯格的家里没有一个MBA。妻子Sasha是电信方面的管理者,和不少MBA打交道,她非常理解丈夫的工作。而两个女儿Susie和Lisa从事的是心理健康和表演方面的工作。

管理者角色理论

经理角色学派是20世纪70年代在西方出现的一个管理学派,它是以对经理所担任的角色分析为中心来考察经理的职务和工作的。经理角色

学派的代表作，就是明茨伯格的《管理工作的本质》(The Nature of Managerial Work)。

管理者真正做了什么? 他们是怎么做的? 为什么要这样做? 对这些古老的问题早就有着许多现成的答案，但明茨伯格并不轻易相信这些现成答案，而是深入研究现实。还是博士生的时候，明茨伯格就带着秒表去记录五位管理者真正在做什么，而不是听他们说自己做了什么，或者是由学者去想象他们在做什么。他花了一周时间，对五位CEO的活动进行了观察和研究。这五个人分别来自大型咨询公司、教学医院、学校、高科技公司和日用消费品制造商。明茨伯格发现，在企业管理过程中，管理者很少花时间做长远的考虑，他们总是被这样或那样的事务和人物牵引，而无暇顾及长远的目标或计划。一个显而易见的事实是，他们用于考虑一个问题的平均时间仅仅9分钟。管理者若想固定做一件事，那这样的努力注定要失败，因为他会不断被其他人打断，总会需要他去处理其他事务。所以，明茨伯格认为，那种从管理职能出发，认为管理是计划、组织、指挥、协调、控制的说法，未免太学究气了。你随便找一个经理，问他所做的工作中哪些是协调而哪些不是协调，协调能占多大比例，恐怕谁也答不上来。所以，明茨伯格主张不应从管理的各种职能来分析管理，而应把管理者看成各种角色的结合体。

明茨伯格在《管理工作的本质》中这样解释说:"角色这一概念是行为科学从舞台术语中借用过来的。角色就是属于一定职责或者地位的一套有条理的行为。"根据他自己和别人的研究成果，得出结论说，经理们并没有按照人们通常认为的那样按照职能来工作，而是进行别的很多的工作。明茨伯格将经理们的工作分为10种角色。这10种角色分为3类，即人际关系方面的角色、信息传递方面的角色和决策方面的角色。

1.人际角色:人际角色直接产生自管理者的正式权力的基础。管理者所扮演的三种人际角色是：代表人角色(也即挂名首脑，作为头头必须行使一些具有礼仪性质的角色)、领导者角色(管理者和员工一起工作并通过员工的努力来确保组织目标的实现)、联络者角色(与组织内个人、小组一起工作、与外部利益相关者建立良好的关系所扮演的角色)。

2.信息角色：管理者负责确保和其一起工作的人具有足够的信息，从而能够顺利完成工作。整个组织的人依赖于管理结构和管理者以获取或传递必要的信息以完成工作。包括：监督者的角色(持续关注内外环境的变化以获取对组织有用的信息，接触下属或从个人关系网获取信息，依据信息识别工作小组和组织潜在的机会和威胁)、传播者的角色(分配作为监督者获取的信息，保证员工具有必要的信息，以便切实有效完成工作)、发言人的角色(把角色传递给单位或组织以外的个人，让相关者如股东、消费者、政府等了解感到满意)。

3.决策角色：处理信息并得出结论。管理者以决策让工作小组按照既定的路线行事，并分配资源以保证计划的实施。企业家角色(对作为监督者发现的机会进行投资以利用这种机会)、混乱驾驭者角色(也即危机处理者介绍，处理组织运行过程中遇到的冲突或问题)、资源分配者(决定组织资源，如财力、设备、时间、信息等，用于哪些项目)、谈判者角色(花费了大量时间，对象包括员工、供应商、客户和其他工作小组，进行必要的谈判，以确保小组朝着组织目标迈进)。

个人轶事

对于明茨伯格而言，自己离经叛道的角色也许是他享受的一部分。"我总是对

> 【名人语录】
>
> 如果良好的习惯是一种道德资本，那么，在同样的基础上，坏习惯就是道德上的无法偿清的债务了。
>
> ——乌申斯基

太流行或广泛接受的东西表示怀疑。"他说自己最富于创造性的想法是在运动中(独木舟、远足、跨国滑雪或骑自行车)产生的。

1987年,刚完成8天自行车行程的明茨伯格回到巴黎,在途经爱丽舍宫时,看到很多警察正在守卫一条无人的街道。他想知道发生了什么,但却没有人回答。他穿过障碍去探个究竟。于是,明茨伯格独自一人在这条林阴道上驰骋,最后在路的尽头被一个警察拦住——这位加拿大教授差点就成为第一个沿着爱丽舍宫进行"环法自行车大赛"的人物了。即便在法国枫丹白露的欧洲工商管理学院(INSEAD),在一大群西装革履的同僚中间,明茨伯格穿的仍旧是牛仔裤、运动衫。加拿大西安大略大学(University of Western Ontario)的管理学教授怀特(Rod White)对他这样评价:"亨利总是准备直接进入虎穴。尽管有挫折,但通常失败的是那些猛兽。"

在2000年管理科学年会上,明茨伯格因对管理学的贡献而获"杰出学者"奖。当他跳上台领奖时,掌声响彻了整个大厅。他调皮地说道:"我在2000年而不是1990年得奖是有原因的。"言下之意,那些层出不穷的公司丑闻和管理失败证明了预言者的成功。

的确,他的很多理论曾被认为"激进",甚至是"异端邪说",但如今越来越多的企业正意识到其中的价值。

个人评价

中国向西方学习管理的过程,与中国向西方学习的整体过程一样,也呈现一个从器具层面到制度层面,再从制度层面再到思想层面的递进过程。器具层面包括各种分析性的方法、技术与工具,制度层面包括治理结构、组织架构和业务流程等具体管理制度,思想层面则包括价值观、信念和预设，集中体现在领导力、企业文化和社会资本等内容中。西方战略研究的两大派别中，以波特为代表的内容学派因为很大程度上属于器具层面，已逐渐成为中国管理界的常识；以明茨伯格为代表的过程学派，很大程度上属于思想层面，却往往不容易得到人们的理解和重视。

以内容派侧重各种分析框架不同，过程派反对内容派对商业过程的格式化、程序化、理性化的处理方式，提倡在战略制定过程中，通过员工的广泛参与，最大限度地了解市场的需求和发挥自身的能力，从而找到决定公司战略的经营洞见（businessinsight）。过程派认为，类似五力模型这样的分析框架，很大程度上只是对真实世界成功战略的一种事后的合理化解释，而不是战略过程中的切实可用的指导工具。它适合于在有了优秀的商业模型之后进行锦上添花式的确认和追认，却无法代替当初人们综合经验、灵感和偶然性发现和建立这个商业模型的过程。

但是，这些局限性却并不妨碍这种分析模型以其本身简洁优美的逻辑感而获得了一种脱离真实世界的符号价值，为使用它的人提供了合理性和合法性。也就是说，它们是不是真正理性的（rational）不重要，重要的是它们看起来是理性的，能不能为分析模型的使用者提供说辞和理由（rationale），从而为它们的使用者带来话语权和政治经济权力。在公司内，对于低层，体现为同事和领导的赏识；对于高层，体现为整个公司对自己的战略的服膺和支持。在市场上，则体现为战略咨询公司价以百万计的战略咨询合同。市场就是如此运转，世界就是如此运转，个人的力量，理性的力量，与在这架隆隆巨声中运转的庞大机器相比，显得非常渺小。而向这样一架大机器发出挑战，看起来实在是一件吃力不讨好的事情。

而明茨伯格就是这样的一而再、再而三地专干这种吃力不讨好的事情的人。从《管理工作的本质》中抨击管理五功能论，到《战略性计划的沉浮》

中抨击战略计划论，再到现在抨击MBA教育体系，他面对的都是一架架在隆隆巨声中运转的庞大机器。有人说他是与风车决斗的堂吉诃德，有人说他是大叫皇帝没有穿衣服的那个天真孩子，有人说他是赤手空拳，独入虎穴的英雄。不管把他比作什么，他念兹在兹，大力呵护的其实都是真正的商业的根本——人的首创精神和合作精神。

批判很解气，但问题在于批判不能当饭吃，难的是建设，拿出切实可行的代替方案。相比那些徒博清名的纯粹批判者，在这方面，明茨伯格也是一个老实得出奇的人。批判管理五功能论时，他提出了管理的十个角色；批判战略计划论时，他提出手艺式战略；如今，批判MBA教育体系，他提出的是IMPM，国际实践管理教育。

管理角色论已经进入了几乎所有的管理入门教科书；注重战略发现和战略执行中人的主观能动性因素的过程派蔚然成为与注重分析和定位的内容派分庭抗礼的战略学派。但是这一次，随着《管理者，而非MBA》一书的出版，很多人都把他与整个MBA教育体系对立起来，关心明茨伯格的人都颇有点为他担心。其实很理解他的想法：要想得到人们对问题的关注，必须把问题说得严重一点。大众媒体喜欢他的危言耸听，甚至在此基础上再火上加油，就不是他所能控制的了。

【名人语录】

守法和有良心的人，即使有迫切的需要也不会偷窃，可是，即使把百万金元给了盗贼，也没法儿指望他从此不偷不盗。

——克雷洛夫

平心而论，MBA对于没有经济管理背景的年轻人学习工商业运作的各个领域的基本知识，从而转入工商领域，还是有积极意义的。对于欲加入投资银行业、咨询业（西方一流MBA院校就业的主要方向）的年轻人来说，MBA尤其是一个合适的选择。

从这个角度看,MBA教育体系的问题,从更大范围内讲,也是投资银行业、咨询业甚至是整个经济体系的问题,如果看到这个问题的根源,就不好苛责MBA教育了。当然,这里人们说的,都是西方MBA教育的情况,中国MBA教育有完全不同的历史,面临完全不同的情境,不管问题怎样,一份宽容心和平常心,更是必不可少的。

个人著作

他迄今一共出版了16本书和140多篇文章,其中最具影响力的包括《管理工作的本质》(1973)、《组织的结构》(1979)、《组织内外的权力斗争》(1983)、《明茨伯格谈管理:人们的奇妙组织世界》(1989)、《战略过程》(1991)、《战略性计划的沉浮》(1994)、《战略历程》(1998)、《管理者,而非MBA》(中译本,2004)、《明茨伯格管理进行时》中译本、《战略历程:穿越战略管理旷野的指南》中译本。

麦吉尔小百科

加拿大有两所大学曾是麦吉尔大学的分校,后来获批独立:维多利亚大学(1903,前身麦吉尔大学 BC 省维多利亚学院),英属哥伦比亚大学(即 UBC,前身麦吉尔大学英属哥伦比亚学院 McGill University College of British Columbia)。阿尔伯塔大学两位创始人 Alexander Cameron Rutherford 和 Henry Marshall Tory,以及多所加拿大大学创始人、校长也均为麦吉尔校友。

第三课　地球物理科学奠基人傅承义

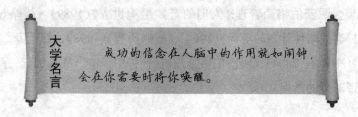

大学名言　成功的信念在人脑中的作用就如闹钟，会在你需要时将你唤醒。

生平简介

1909年10月7日，傅承义生于福建闽侯，新中国成立后，历任中国科学院地球物理研究所研究员、副所长、名誉所长，中科院地学部委员，中国地球物理学会副理事长、名誉理事长，中国地震学会副理事长。是第三届全国人大代表，第五、第六届全国政协委员。长期从事物理和地球物理的研究工作。是中国地球物理科学的主要奠基人之一。先后在北京地质学院、北京大学、中国科技大学负责建立了有关地球物理学教研室，并任中国科技大学地球及空间科学系主任。为推进中国地震学与地球物理学的研究起了重要作用。

1933年，傅承义毕业于清华大学，1941年获加拿大麦吉尔大学物理学硕士学位。1944年，傅承义获美国加州理工学院地球物理学博士学位，中国科学院地球物理研究所名誉所长、研究员。专长固体地球物理学、地震学和地球物理勘探。国际地震波传播理论研究的先驱者之一，对地震体波、面波、首波、地震射线及地震成因的理论均有独特贡献。中国地球物理学会创建人之一。长期主编《地球物理学报》，为中国地球物理事业做出了重要贡献。1957年被选聘为中国科学院院士（学部委员）。

【名人语录】

　　精神上的道德力量发挥了它的潜能，举起了它的旗帜，于是我们的爱国热情和正义感在现实中均得施展其威力和作用。

——黑格尔

　　傅承义的祖父在清朝做过道台。伯父在北洋军阀时期的海军部供职。父亲傅仰贤长期在北洋军阀政府外交部及驻外使馆工作，曾任驻苏联列宁格勒总领事。父亲虽然是旧官吏，但有强烈的爱国思想，亦比较开明。傅承义兄弟姊妹四人从小就受到良好的家庭教育，对其后来的成长产生重要影响。哥哥傅鹰是著名化学家，担任过北京大学副校长。傅承义自幼记忆力极好，家里专门请了私塾先生教他和姐姐读《四书》《五经》，聘请家庭教师教授数学和英语。但他用更多的时间博览群书，他童年虽然没有进过小学，但知识和能力远远超出了同龄小学生。

　　1923年14岁时，在母亲提议下，傅承义跨入北京育英中学校门。一年之后，他感到功课太容易，便背着家里跳两级报考了汇文高级中学，结果考取了，但没有去读。初中三年，学习成绩年年名列全校第一，数学和英语成绩尤为突出。他多次参加学校组织的国语和英语讲演比赛，总是名列前茅。《福尔摩斯探案全集》是他最喜欢阅读的英文原著之一。他更喜欢逻辑推理，并勤于演算。他不但学习成绩出类拔萃，还曾赢得全校三跳（跳高、跳远、三级跳远）及百米跑第一名。

为人师表

　　1926年，傅承义考入汇文高级中学。1929年，他以获得理化、数学两项银杯奖的优异成绩结束中学时代的生活。他原已考上燕京大学，但他更喜欢清华大学的校风，选择了清华大学物理系。可是在这里，他的旺盛求知欲亦无法得到满足，更不满意当时教师队伍中的某些不正风气，痛切感受到教书育人者为人师表之重要性。他和同窗好友王竹溪暗下决心，有朝一

日教书育人，一定要立德、立言、立身。

大学四年，他基本上以自学为主，而从教师之讲解获益不多。虽考试成绩仍能保持在中、上之间，却因不重视教师的启发，多走了许多弯路，事倍功半，浪费了许多时间，事后检查，追悔不已。

1933年，大学毕业后留校，先做一年研究生，后因教学工作需要，当上助教，从事核物理教学实验和研究工作。在此期间，他分别与黄子卿、赵忠尧合作，完成有关热力学研究和核物理实验方面的论文共4篇。

1937年，抗日战争爆发，清华大学举校南迁，在昆明与北京大学、南开大学合并成立西南联合大学。1938年，傅承义应邀到西南联合大学继续任教。

留学深造

1939年，他考取英"庚款"公费留学，这在当时是全国少数优异学生才享有的殊荣，而地球物理专业仅此一个名额。由于第二次世界大战爆发，直到1940年，傅承义与林家翘、郭永怀、钱伟长等一行24人才转赴加拿大。他进入麦吉尔大学物理系，师从当时最有声望的地球物理探矿学权威D.A.基斯（Keys）教授，进修地球物理勘探。

1941年获得硕士学位。基斯教授对他的成绩极为赞许，推荐他到当时在地球物理勘探领域里颇负盛名的美国科罗拉多矿冶学院继续攻读博士学位。可是他对这里的专业方向不甚满意。此时，又赶上腰病发作，医生建议他不要做野外工作，他放弃了地球物理探矿专业。

1942年，基斯教授又把他推荐到加利福尼亚理工学院研究生院，师从近代地球

【名人语录】

美德有如名香，经燃烧或压榨而其香愈烈，盖幸运最能显露恶德而厄运最能显露美德也。

——培根

物理学泰斗B.古登堡(Gutenberg)教授,攻读地球物理学及地震学。古登堡对傅承义在学习中和在学术论坛上表现出来的才能极为赞赏,将自己没能解决的一个理论问题——从理论上证明沿分界面传播的所谓"折射"地震波的存在,让他去解决。傅承义凭借着深厚的物理学和数学基础,从数学上严密地论证了首波的存在,并从物理学上解释了首波与折射地震波之间的区别。此项研究成果得到古登堡高度评价,他也因此受到广大师生的推崇。1944年获该校地球物理学博士学位。随后受聘于几家石油、地球物理勘探公司,做技术咨询工作。

　　傅承义以其对地球物理学发展所作的贡献,赢得地球物理学界的普遍承认,1946年被聘为加利福尼亚理工学院地球物理学助理教授。在此期间,他在地震波传播的研究领域里,发表了一系列具有创造性和开拓性的研究成果,成为地震波研究的先驱。他发表在美国《地球物理》杂志上一组论文,系统地研究了地震体波、面波及首波的传播等问题。这些论著无论是在中国还是在美国、苏联等国家都引起极大的重视。在1960年纪念该杂志创刊25周年之际,这组论文被评为地球物理学经典著作。

回国之后

　　1947年春天,傅承义收到大学时同窗好友、中央研究院气象研究所所长赵九章的来信,希望他能回国主持气象研究所的地球物理研究工作。他毫不犹豫,两周之后便启程回国,到气象研究所任高级研究员,并兼任中央大学物理系教授。

　　1948年,国民党当局责令中央研究院气象研究所和历史语言研究所

【名人语录】

养成他们有耐劳作的体力,纯洁高尚的道德,广博自由能容纳新潮流的精神,也就是能在世界新潮流中游泳,不被淹没的力量。

——鲁迅

迁往台湾,傅承义与赵九章、陈宗器一起予以抵制,为新中国地球物理事业的发展保存了力量。

1950年4月,中国科学院地球物理研究所成立,傅承义仍任研究员。1952年,国家决定从大学物理系抽调一批优秀毕业生,从事地球物理探矿工作,由傅承义主持对他们进行培训。

1953年,中国科学院接受北京地质学院的请求,委托傅承义去该院任地球物理探矿教研室主任。当时物探教研室初建,傅承义面临的任务十分繁重,他不仅要向大学生讲授"地球物理勘探"课,而且还要给教师(全部是物理系毕业生)系统讲课。为了使教师能尽早走上讲台,他夜以继日地工作,为每一位教师修改、审定讲稿;为了使教师在讲台上能站得住、讲得好,他还亲自去听课并作讲授示范。一次,一位实验员在准备磁法实验时,失手将刃口式磁秤掉到了地上,刃口出现了一个缺口,傅承义在得知这件事后,立即将教研室全体人员召集到实验室。他首先指出,这不是件小事,而是个错误,特别是发生在教学实验室里。学校要培养学生爱护仪器,杜绝任何操作中的失误,否则就不能保证野外观测的质量。现在实验室里发生了这种事,对学生会有什么影响呢?接着,他又做了自我检查,说自己对实验室工作抓得不严,没有像过去在清华大学工作时那样认真对待实验。

最后他表示,希望大家都以此为鉴,上下一心搞好教学工作,不再犯类似错误。傅承义处理这件事,实际上是对教研室全体人员的一次极其生动而又非常深刻的思想教育。

傅承义在北京地质学院创建中国第一个地球物理教研室

的3年(1953—1956)时间里,和教研室的同事们朝夕相处,言传身教,使每个人都深受其益。他常告诫年轻的同事们,作为一个地球物理学家,既要有理论修养,又要能够动手实践,在实践中积累经验,再上升到理论高度上去把握这些源于实践的经验。而在实践中则必须学会根据地质条件去部署工作,正确地进行观测,并对所得资料作出符合客观地质情况的解释,等等。这些方法的传授同知识的传授一样给人以教益。然而比知识和方法的传授更重要的是,他那严谨的治学态度、认真的学术作风和对己、对人的严格要求使大家懂得了作为一名科学家所应该具有的最根本的品质,这使得年轻的教师们在前进道路上少走了弯路。

此后,傅承义教授于1956—1961年间在北京大学创建地球物理教研室,于1964—1966年间在中国科学技术大学创建地球物理教研室,分别主持领导这些教研室的工作,并担任第一任教研室主任。1973年兼任中国科学技术大学地球及空间科学系主任。在他的教学生涯中,他始终把高尚的科学道德、严谨的治学态度和献身科学事业的精神贯彻到教学工作中,深受广大师生的推崇和爱戴。傅承义在地球物理教育战线上辛勤耕耘30余载,在中国地球物理学界真可谓桃李满天下。

傅承义在为发展中国地球物理教育事业的同时,潜心学习,使自己的学识水平处于地球物理学科的发展前沿。1956年,他回国后的部分论著《地震面波的能量束》《关于瑞雷波方程的无关根》《平行介质中的弹性波之传播》《地下薄地层自由振动》《折射探矿法的研究》和《地表层的本质对于地震勘测的几种影响》等6篇文章,以"关于弹性波的传播理论和地震探矿的一些问题"项目,荣获国家自然科学三等奖。

同年,他参加中国12年科学技术发展远景规划制定工作,是第33项任务"中国地震活动性及其灾害防御研究"的两位执笔人之一。

他率先提出在中国开展地震预报研

【名人语录】

只有在不仅消灭了阶级对立,而且在实际生活中也忘却了这种对立的社会发展阶段上,超越阶级对立和超越这种对立的回忆的、真正人的道德才成为可能。

——恩格斯

究的长远规划，并指出解决这一问题的科学途径及实施方法。这项工作领先其他先进国家5—10年时间。为了开展核爆炸地震侦察研究，并借此全面提高地震学发展水平，1961年，在地球物理研究所成立第七研究室，由傅承义担任室主任。该室在核爆炸地震观测和地震侦察工作中，为国家作出重要贡献，并对中国地震学与测震学的发展起了推动作用。

1971年，他提出地震成因的"红肿假说"。1972年，他创建震源物理研究室，并领导震源物理研究工作。从此，中国的震源物理研究工作上升到有组织、有计划发展的新阶段。这一年他发表专著《大陆漂移，海底扩张和板块构造》，把20世纪地球科学的最新理论成就——板块大地构造假说介绍到中国，为中国地球科学的发展指明了方向。

1976年十年动乱结束之后，中国迎来了科学的春天，傅承义把主要精力投入到科学著述和研究生培养工作中。编著了《地球十讲》《地球物理学基础》；主编了《中国大百科全书·固体地球物理学》，并亲自撰写其中的部分条目。

傅承义是中国固体地球物理科学的主要奠基人和开拓者之一。1957年，他当选为中国科学院学部委员（院士）。他曾任中国科学院地学部常务委员，中国科学院地球物理研究所一级研究员、室主任、所负责人、所学术委员会主任、名誉所长。傅承义是中国地球物理学会(1947)的发起人之一，长期担任《地球物理学报》主编。曾任中国地球物理学会副理事长兼秘书长和中国地震学会副理事长，中国地质学会和中国声学学会理事，中国地球物理学会和中国石油物探学会名誉理事长，中国地震学会名誉理事，

术航母

134

《中国大百科全书》总编辑委员会委员、固体地球物理编辑委员会主任，全国自然科学名词审定委员会委员、地球物理学名词审定委员会主任。曾被选为第三届全国人大代表，担任过第二、五、六届全国政协委员。1981年加入中国共产党。

学术成就

傅承义一生的主要学术成就和贡献可归纳为以下四个方面：

1.开创中国地球物理教育事业。地球物理学是边缘学科之一，在旧中国未得到足够重视。那时，有经验的地球物理工作者除气象学家外寥寥无几。地球物理教育是个空白。新中国成立后，为恢复和发展国民经济，国家急需一大批物理探矿专业人才。傅承义把全部精力投入人才培养工作。

20世纪50年代初，他和助手刘光鼎、曾融生、谭承泽等密切配合，在北京地质学院为中国地球物理勘探专业培养了一批年轻教师和许多本科毕业生及大专毕业生。从50年代末至1967年，他先后在北京大学、中国科学技术大学培养了数百名地球物理专业本科毕业生和研究生。"文化大革命"之后，已届古稀之年的傅承义，又先后为国家培养了近20名硕士和博士研究生。他的学生遍布全国各地，这些人都已成为地球物理科研、教学、生产部门的骨干，其中不少人担任了各级领导职务，有些人成了著名的专家、学者、教授，还有人当选为学部委员（院士）。

在他的全部教学生涯中，始终贯彻自己的教育思想：立德、立言、立身。立言者，传授知识和做学问的方法。在北京地质学院初创时期，他是教授兼教研室主任，负责制定教学计划、编写讲义和授课，同时要筹划实验课和安排野外实习。此外还肩负培养青年教师的重任，给他们系统地上课，帮助修改讲义，听他们试讲。事无巨细，他一概认真对待。言传身教、为人师表，受到广大师生的爱戴。

傅承义谆谆教导他的学生，做学问要注意三点：一是博览群书，知识面要宽、要广，这样在遇到问题时才能触类旁通；二是要善于归纳、总结，通过总结可以发现问题，解决问题，这是一种重要研究方法；三是要独立思考。傅承义认为，独立思考是科技人员最重要的品质之一，对于书本上写的东西，不可不信，但又不可全信，信与不信都要经过自己独立思考。他提倡看书时多挑剔，认为挑剔本身就包含有创造的意思。立德者，育人也。他把科学道德、治学态度和献身科学事业的精神贯彻到教育工作的始终，认为身教比言教更为重要。他一向严于律己，凡是要求学生做到的，自己一定身体力行。

对地震波传播理论的贡献。在地震勘探和地震测深中采用的折射波法，实际上用的并不是真正的折射波。因为按照几何地震学的原理，地震波在以临界角入射时，折射波就不应再返回原来的介质。20世纪30年代，曾有许多人对这种"折射波"做过不正确的解释。直到1938年，O.Von.施密特（Schmidt）在实验室里通过电火花在声速不同的双层溶液组成的声波介质内放电，用阴影照相法记录了所有胀缩波波型，首先证明这种所谓的折射波的独立存在。

由于光波波长太短，在光学实验里观测不到，但地震波的波长要长得多，这种波则是很明显的。施密特给出的物理解释是用简化了的惠更斯原理：当地震扰动沿着界面以高于入射介质中的波速传播时，就会在介质中产生一种首波——其实是半个

首波,就如同子弹以超声速运行时,空气中声波波阵面的情况一样。

傅承义研究了这一问题。他把A.索默菲尔德(Sommerfeld)在研究电磁波传播中所用方法移植于弹性波,从数学上证明了它的存在。在求解弹性波的运动方程时,他发现格林函数的积分可以分成两部分:一部分是沿分支点割线的回路积分,这导致各种类型的体波(包括首波);另一部分则是极点的留数,可导致各种面波。根据这一认识,运用摄动法原理,他进一步研究了面波及薄层的影响。

后来这些概念已经是众所熟知,并且方法几乎规范化了,但在20世纪40年代初,这种方法人们还是不大熟悉的。此外,傅承义对于面波的能量传播及瑞雷方程的三个根也有独特的见解,为同行们所称道。傅承义在地震波传播理论方面的研究成果,引起地震学家的广泛注意。世界上一些著名地球物理学家、地震学家,如美国科学院院长、曾任美国总统科学顾问的F·普雷斯(Press),曾任国际大地测量与地球物理学联合会(IUGG)主席的苏联地震学家、通讯院士В.И.凯依利斯鲍洛克等都曾称,在从事地震波问题研究中,傅承义的研究成果给予他们很大的启发。

对地震预测的探索。傅承义作为一位地球物理学家和地震学家,目睹地震灾害的惨烈,对地震预测具有强烈的使命感。同时,作为一位严肃的科学家,他也清楚地认识到地震预测的复杂性和艰巨性。傅承义于1956年负责起草在中国开展地震预测研究的长远规划,即中国12年科学技术发展远景规划第33项任务第4中心课题"地震预测方法的研究"。在该规划中提出解决地震预测问题的科学途径和应采取的具体措施。

规划中列举的五个方面的工作是:地震成因的研究,重点是震源的地质条件和地震发生的物理机制;开展地震前兆观测,包括地倾斜、微弱的前震和地声;在地震频繁地区,连续积累地震观测资料,并对地震进行统计分析,发现地震发生时间的规律;在地震区进行长期、重复的大地测量,以确定地震前后的地形变

【名人语录】

青年人应当不伤人,应当把个人所得的给予各人,应当避免虚伪与欺骗,应当显得恳挚悦人,这样学着去行正直。

——夸美纽斯

化;在地震区进行经常的地磁观测,以确定地震前后的地磁场变化。

1963年,傅承义进一步把地震预测方法分成三大类:地震地质、地震统计和地震前兆。地震地质方法是以地质构造条件为基础,宏观地估计地震发生的地点和强度。这就是通常所说的地震区域划分。由于地质上的时间尺度太大,地震时间的预测不能靠这种方法。地震统计法是从地震发生的记录中去探索可能存在的统计规律,估计地震的危险性,求出发生某种强度地震的概率。这种方法的可靠程度,取决于地震资料的多寡。地震地质方法着眼于地震发生的地质条件和在比较大的时间、空间尺度内的地震活动变化。统计方法指出的只是地震发生的概率和某种"平均"状态。若要确切地预报地震发生的时间、地点和强度,还是要靠地震前兆。这三种方法不是彼此无关而是互相联系的。寻找地震前兆是地震预测的核心问题。

20世纪70年代,傅承义在地震前兆的研究中提出孕震区假说。临震前,相当一部分地球介质已经处于应力加速积累状态,这部分物质可称之为孕震区。在这个区域内,可能发生岩石变形、物质迁移和其他形式的运动,从而使大面积地球上层介质的性质发生变化。各种地震前兆就是这种变化的反映。他特别提出,地震前兆研究不要受地震断层成因假说的束缚,只把注意力集中于断层位置附近。他的这一假说,已被许多观测资料

所证实。傅承义一再提醒人们,地震预测是个有待人们长期坚持不懈进行探索的课题,切不能因偶然失误而丧失信心,更不要为一时成功而忘乎所以,迷失前进方向。他非常关注并鼓励科学上的探索活动。

20世纪80年代,他对构造地震断层成因提出质疑,

进一步发展了孕震区假说。许多震例都表明，真正伴随成因断层的地震并不多；许多大地震也并非都发生在有新构造差异运动的地方。他认为，有些地震是断层造成的，但并非全都如此，岩浆活动也是地震成因之一。岩浆活动是孕震区物质迁移的一例。断层成因和岩浆成因并不矛盾，

而是互为补充的，但两者又有明显差别，主要是地震能源不同。前者是应变能，而后者除应变能之外，还包含岩浆活动的动能和热能。

　　因此，他认为地震学不只是力学问题，把地热学引入地震研究中是大有前途的。关于地震前兆研究，他认为，直到现在，集历来各国地震工作者的共同努力，尚未能找到一个满足地震发生必要条件的前兆，究其原因不外乎以下几点：前兆机制不清；前兆同震中区地质情况、环境条件有关，不是一成不变的；前兆观测的精度不够。

　　此外，识别前兆的判据有很大任意性，缺乏科学约束。若使地震前兆研究真正有所突破，必须在基础研究，特别是在地震前兆的物理机制上下功夫。

　　20世纪80年代末，傅承义在地震预测的方法论上提出颇有新意的见解。他认为，大地震的发生是个典型的非线性过程，应该从地震发生的全过程去看问题。近代的耗散结构论、协同论和突变

论的观点应当引入到地震预测中来。

指导中国核试验地震效应观测和地震侦察研究工作。20世纪50年代，美国和苏联两国在大气层中进行的一系列核爆炸试验，引起世界各国人民的普遍关注。1958年各国专家聚会日内瓦，讨论禁止大气层核试验问题。自此以后，美、苏两国的核试验逐步转入地下。地下核试验的地震侦察，一时成了国际间注目的问题。显然，它不仅有重要的政治和军事意义，而且对地震学本身的发展也会起推动作用。

地下核试验地震侦察，包括地震事件侦察和天然地震与爆炸信号识别两方面内容。前者要求地震观测系统具有检测微弱信号的能力，能把地震事件记录下来；后者要求能够从记录的波形上把地震信号和爆炸信号区分开。无疑，这项工作将有助于观测技术水平的提高和震源物理研究的深入。

1961年，在傅承义倡议下，中国科学院地球物理研究所成立第七研究室（以下称七室），傅承义担任室主任。建室之初的研究方向是震源物理，主要研究课题是地震核侦察的信号识别问题。1962年底，中国自己研制的核武器爆炸试验工作提上日程。核爆炸地震效应观测是核试验的一项重要内容。

1963年，七室承担这项任务。傅承义对美国核武器研制计划和试验工作情况进行广泛深入的调查研究，结合七室承担的任务，进一步明确七室发展有两个主要方向：爆炸的力学效应分析；爆炸的远距离侦察。并为七室在五年之内的发展作出详细规划，包括：强震观测，用强震仪、选频仪和地震仪记录各种运动参数、动力参数及爆炸的TNT当量；气球观测；远震台，两年内建成7个标准台，5年内全国基本台均配备3种频段的仪器；仪器设计，成立测震试验室，负责仪器设计和制造；理论研究，强调理论研究工作要与以上所列工作密切配合。

理论工作可分：空气冲击波与地球介质相互影响问题；野外资料的分析及解释

问题;大炸药量的外推和频谱的关系(相似律问题);地震信号的通讯理论(包括组合检波的理论);爆炸地震波的传播特征(包括地震与爆炸的识别标志)。后三项工作由他负责。在中国首次核试验中,关于用地震波计算爆炸当量的问题,他坚持认为:"爆炸引起的地震效应是一个复杂现象,由于土壤介质的多样性,目前尚难通过纯理论的途径来解决上述任务。"

他建议:通过模拟试验及理论探讨,找出经验关系式,用相似原理,外推当量;对比国外经验资料,估算当量。事实证明,他的观点是正确的。傅承义在20世纪60年代初提出的开展地震核侦察的研究工作,并没能引起有关方面的足够重视和支持,直到1965年,才被正式纳入有关的计划当中。在他的指导下,七室圆满地完成中国首次核试验地震观测工作,为国防建设作出了贡献,受到国防科委和中国科学院的表彰。由他开创的地震核侦察工作,在1965年以后,有了新的发展,受到国防科委的表扬和1978年全国科学大会的奖励。

个人评价

傅承义是一位爱国的、正直的科学家、教育家。他不但具有卓越的才能,而且更有为人们所敬重的高尚品德。他为人光明磊落,从不迎合潮流,随声附和,人云亦云。在是非问题上,直言不讳,刚正无私,他认为是正确的,就敢于坚持。这曾使他吃了不少苦头,蒙受了不少冤屈。

【名人语录】

在人生的大风浪中，我们常常学船长的样子，在狂风暴雨之下把笨重的货物扔掉，以减轻船的重量。

——巴尔扎克

1958年大跃进时，有些人只从良好的愿望出发，不顾事物发展的客观规律，在地震预测工作中提出一些不切实际的口号，并形成一种声势，使得这一工作偏离了正确方向。傅承义以其科学家的责任感，反对这种做法，结果被扣上"反对搞地震预报"的帽子，直到"文化大革命"中还屡遭批判。

1975年海城地震之后，有人过高估计海城地震"预测成功"的经验，认为在中国解决地震预测问题已近在眼前。针对这种倾向，傅承义一针见血地指出，海城地震的预测是"歪打正着"，提醒人们不能头脑发热。

20世纪60年代初，在他担任七室主任期间，亦曾因在工作中坚持正确的学术观点而被指责为"反对搞国防任务"，受到不公正的待遇。对于诸如此类的事情，他都泰然处之。作为一名科学家，他把按照科学规律办事看成是自己的天职，坚持真理是他人生追求的最崇高目标，至于个人的荣辱得失，他看得淡如清水，从不计较。傅承义在学术界有很高声望，但他对别人的恭维却极为反感，也从不以自己的声望谋取私利。傅承义非常注重科学道德。在研究工作中，受过他的指导帮助的人很多，但是，不管他对别人的研究工作出过多大力，他从不在研究成果上署名，包括他指导完成的研究生论文。他思路敏捷，在学术讨论中，直言快语，不讲情面，但从不以势压人。傅承义治学态度十分严谨。他的论著，字字句句都经过仔细推敲，不仅内容深刻、丰富，而且文章结构严谨，条理分明，逻辑性强，文笔生动、流畅。

傅承义的严谨学风也反映在他长期担任《地球物理学报》主编的工作中。凡是投到学报的稿件，一视同仁，他都亲自审定，录用、退稿一定要有他的签字。对于有争议的稿件，处理更为慎重。英文版的每篇文章，他都要亲自把关。在他的指导和带动下，《地球物理学报》在国内外赢得了广泛赞誉，成为中国被世界四大检索系统同时选用的9种刊物之一，连续被评为中国科学院优秀期刊。傅承义以其高尚的品德和卓越的科研、教学实践，树立了一代人民科学家、教育家的风范。

2000年1月8日，傅承仪与世长辞。刘光鼎院士挽之："三篇文章开世界震波研究先河创新典范，一生耕耘育中华找矿精英大成风节长存"

麦吉尔小百科

截至2012年，麦吉尔大学在QS最新2012—2013年世界大学排名中名列第18位，连续第六年保持其全球前20大学地位，加拿大第一，多伦多大学紧随其后名列19位。泰晤士高等教育世界大学2012排名中名列第三十四，加拿大第三。而在加拿大国内权威教育杂志麦考林2012年度排名里，连续八年（2005—2012）列为加拿大医学博士类大学第一名。

第四课　加拿大政治家杰克·林顿

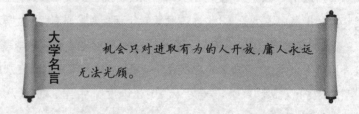

大学名言　　机会只对进取有为的人开放,庸人永远无法光顾。

　　杰克·林顿(John Gilbert "Jack" Layton,1950年7月18日—2011年8月22日)是加拿大政治家。曾担任加拿大众议院反对党领导人、新民主党领导人、多伦多市议员、副市长。他在加拿大华人社区被称为林顿。妻子为华人众议员邹至蕙。因为妻子的关系,林顿能说简单粤语,并经常以粤语向华人社区为自己和自己的党宣传,他对华态度友好。2011年8月22日凌晨4点45分林顿因癌症在位于多伦多的家中病逝,享年61岁。

早年生涯

　　杰克·林顿于1950年在魁北克省蒙特利尔出生,并于邻近的哈德逊镇(Hudson)长大。林顿家族拥有浓厚的政治背景:他的祖父吉伯特·林顿曾任魁北克省议会议员,而保守党籍的父亲罗伯特·林顿则曾任国会下议员,并曾于总理梅隆尼的内阁中担任矿业国务部长。在家人的熏陶下,林顿在哈德逊中学就读时加入该校的学生会并成为主席,毕业后到麦吉尔大学修读政治学。1969年,19岁的林顿与中学时结识的女朋友莎莉·哈尔福德结婚,婚后育有儿子迈克(Mike Layton,多伦多市议员)和女儿莎拉。

1970年,林顿为了到约克大学攻读政治学博士学位,举家移居多伦多,学成后到怀雅逊大学(当时为怀雅逊理工学院)任教。经历14年婚姻后,林顿与哈尔福德于1983年离婚。

投身市政

林顿在约克大学就读和怀雅逊任教期间与约翰·休厄尔(John Sewell)和大卫·龚比(David Crombie)等多伦多地区政客相熟。在休厄尔的鼓励和新民主党地区团队的协助下,林顿于1982年首度参与多伦多市议会选举,成功击败寻求连任的张金仪(Gordon Chong),当选代表第6区的市议员,并旋即成为市议会左派代言人之一。他极力反对天虹体育馆项目,也是少数早期已倡护艾滋病病人权益的政客之一。林顿也是少数反对多伦多申办1996年夏季奥运会的政客之一。林顿于1985年改为出战大多伦多市(当时多伦多市之上的行政架构)的首届议会选举,成功当选大多市议员。林顿于1988年市选中成功重返多伦多市议会。由新民主党候选人和独立候选人组成的改革联盟于是次市选中取得市议会的操控权,而林顿亦成为该联盟的非正式领袖。他于同年与香港出生的多伦多教育局校务委员邹至蕙结婚。

《多伦多星报》(Toronto Star)1990年一篇报道指林顿和邹至蕙虽然收入可观,却仍居于获加拿大联邦政府补贴的合作社房屋。两人从1985年起居于希素本合作屋苑,1988年结婚后以每月800加元租住一个三睡房单位。两人于1990年的收入合计已达12万加元,并从同年3月起自愿地每月额外缴付325

【名人语录】

我们最大的弱点在于放弃。成功的必然之路就是不断地重来一次。

——托马斯·爱迪生

元,以抵消加拿大按揭及房屋局为该单位提供的补贴。合作社回应报道时指屋苑内有不同人息程度的租户对屋苑环境有利，而法例亦规定屋苑需预留一部分单位予愿意付市值租金的租客。多伦多市的律师于同年6月确认两人没有犯错;两人于同月迁离该屋苑，并于中区华埠买入一间房屋。

林顿于1991年参与多伦多市长选举，并获安大略省新民主党（即安省当时的执政党)所支持。竞选初期右派的票源被另外三位候选人分刮，因此林顿早期的胜算颇高。然而，随着右派团结起来支持罗兰丝(June Rowlands)，票源分散的局面不再，林顿的优势亦告消失。此外,省新民主党的民望亦开始下跌,拖累林顿的选情,而他较早前反对申奥的立场亦为部分选民所诟病。市选前一个月的民意调查显示林顿的支持度有36%,只较罗兰丝少4%,但林顿最终也败于罗兰丝。林顿其后创立一间环境顾问公司，再于1993年在国会下议院选举中代表联邦新民主党争夺玫瑰谷选区(现多伦多中选区)议席,但未告成功。

林顿于1994年重返大多伦多市议会。他再于1997年联邦大选中竞逐

百乐汇—坚活选区(现多伦多单福选区)议席，却以大比数败于寻求连任的丹尼斯·米尔斯(Dennis Mills)。林顿从2000年起担任加拿大城镇联会的副总裁,再于翌年升任为总裁,大为增加他在联邦层面的知名度。

晋身联邦政坛

联邦新民主党于2003年召开党团大会挑选新党领；林顿在首轮投票中以53.5%的得票率胜出。当时没有国会议席的林顿委托党领选举中得票率第二高的比利奇(Bill Blaikie)担任新民主党的下议院领袖。林顿于2004年联邦大选中与米尔

斯于多伦多单福选区再度交锋，这次却由林顿胜出。而他也于2006年及2008年的联邦大选中成功在这个选区连任。

2011年联邦大选

总理史蒂芬·哈珀于2011年3月26日与总督戴维·约翰斯顿会面后，总督正式解散国会，2011年联邦大选竞选活动也开始展开。林顿较早前曾接受臀部手术，在竞选期间常被问及他的健康状况，他一直坚持自己的情况足以应付党魁的工作。

竞选初期新民主党在各项民调的支持度偏低，但林顿在各场党魁电视辩论中表现理想，新民主党的支持度亦随之上升，更在魁北克省超越倾向魁独的魁人政团。到了4月尾，新民主党在全国的支持度超越自由党，只落后于保守党。到了选前一星期，新民主党和林顿本人皆成为其他政党的攻击目标。

在2011年5月2日举行的大选中，林顿领导下的新民主党夺得103个议席，为该党历来之最，并让该党首度成为官方反对党。林顿也成功在自己的多伦多单福选区连任。

罹患癌症及逝世

林顿于2010年2月5日宣布自己确诊患上前列腺癌，但其后治愈。他的父亲罗伯特·林顿过去亦曾患上这种癌症，但后来亦康复。

2011年7月25日，林顿宣布自己再度患癌，但除了指明并非前列腺癌外并没有提及是何种癌症。他亦宣布暂时卸下党魁一职以全力抗癌，并推

荐新民主党党团主席妮科尔·特梅尔（Nycole Turmel）出任临时党魁。林顿又表示希望在同年9月国会复会后重返议事厅，但最终仍不敌癌魔，于北美东岸夏令时间2011年8月22日清晨4时45分（UTC-4）在多伦多家中病逝，终年61岁。

他的丧礼于2011年8月27日以国葬形式在多伦多举行。反对党党魁的丧礼通常不再以国葬规格进行之列，但总理哈珀破例向林顿遗孀邹至蕙提出此安排，并获邹氏接纳。

杰克·林顿致加拿大人的一封信

亲爱的朋友们：

在过去几个星期，数以万计的加拿大人写信给我，表达良好的祝愿。我想对你们每一个人表示感谢，感谢你们送来充满体贴、激励，而且漂亮的信件、卡片和礼物。你们的信念和爱照亮了我的家，我的勇气和我的决心。

不幸的是，我的治疗情况未如人愿。所以我将这封信交给我的伴侣邹至蕙，请她在我不能继续前行的时候与你们共勉。我推荐赫尔·艾尔默选区国会议员妮可特梅尔继续履行过渡期党首职责，直到选举出正式的继任者。

我建议（新民主）党在新的一年，参照2003年的安排，尽早举行党首选举，从而使我们的新领导人能够有充裕的时间重组我们的团队，重新安排我们的党和工作任务，向下一次大选前进。

对那些依然在生命的旅途上与癌症抗争的加拿大人，我想说：请不要因为我个人天未遂人愿而失去勇气。你不能放弃自己的希望。治疗癌症的方法从未像今天这样先进。你完全有理由乐观和果敢，面向未来。我唯一一个额外的建议就是在你人生旅途的每一段，珍爱与你所爱的每一个瞬间，正像我在今年夏天所做的那样。

致我的党员们：过去八年里我们取得了非凡

> 【名人语录】
>
> 能够使我飘浮于人生的泥沼中而不致陷污的，是我的信心。
>
> ——但丁

148

的成绩。成为新民主党的领导者是我之荣幸。我以最大的程度感激你们的信任、你们的支持以及你们向我们的事业投入的无数个小时志愿工作。有的人会劝说你们放弃我们的事业。但这事业具有比任何一个领导者更伟大的意义。请用充满斗志和决心的工作来回答他们。记住我们引以为豪的历史:社会公义、全民医疗、公共养老,不遗漏社会的每一个人。让我们继续前进。让我们面向下一个四年全面展现,我们将成为下一届政府来服务我们所热爱的加拿大。

致国会议员们:我非常荣幸与你们每一个人共同工作。我们的国会会议总是我一周中最显要的部分。我的角色是在重大事项中向你们寻求一致。现在我将再一次重复使命。在接下的几个月,加拿大人民将密切期待你们。同事们,我知道你们一定会以同样无间的合作和团结,在下一次大选赢得千百万加拿大人民的信任,让我们数以万计的党员为你们自豪。

致我的魁北克同胞:你们决定同整个国家具有革新思想的加拿大共同努力,以取代加拿大保守党联邦政府。你们当时作出了正确的选择,这在今天直至下一次大选依然是正确的选择,到那时我们的共同努力必将取得胜利。你们已经为国会选出一支卓越的新民主党团队。他们将在今后的几年做出非凡的成绩,为我们所有人把国家变得更好。

致加拿大年轻一代:我一生都在为世界变得更美好而奋斗。希望和乐观定义了我的政治生涯,而我也继续对加拿大充满希望和乐观。年轻人一直是激励我的重要源泉。我过去同你们许多许多的人见面并畅谈你们的梦想,你们的挫折,你们对改变世界的期望。你们越来越多的人投身政治,是希望世界变得更好。你们之中许多人信任我们这个党。在我的政治人生即将谢幕的时候,我想告诉你们,我对你们改变这个国家和这个世界的能力充

满信心。你们面前有一个又一个巨大的挑战,从自然界的气候改变到排斥许多群体于公共财富之外的不公正的经济体系,以及为了建设一个兼容并包的加拿大而做出的必要改变。我相信你们。你们的活力、你们的视野、你们追求正义的激情正是今天这个国家所需要的。你们需要用心投入到我们的经济,我们的政治人生和我们对现在和未来的规划。

最后,致所有加拿大同胞:加拿大是一个伟大的国家,是世界的一个希望。我们能够变得更美好———一个更加平等、公正、充满生机的国家。我们能够构建繁荣的经济和公平分享权益的社会。我们能够照顾好老年人。我们能够为我们的孩子提供更美好的未来。我们能够为拯救世界环境做出自己的努力。我们能够在世界上重建我们的名誉。我们能够做到是因为在国家层面上我们终于拥有一个政党体系让选择权变得真实,让您的选票变得关键,让为改变付诸的努力真的带来改变。在今后数月乃至数年,新民主党将为您呈现一个强有力的新选择。我的党内同仁们是一个令人刮目相看、充满敬业精神的团队。请给他们一次认真的聆讯,请考虑多一种选择,考虑在共同努力下,我们能够建设一个更好、更公正、更平等的国家。不要让他们告诉您做不到。

我的朋友们,友爱优于愠怒,希望强于畏惧,乐观犹胜绝望。让我们互爱、乐观、满怀希望,我们必能改变世界。

麦吉尔小百科

世界最好的脑神经研究所医院在麦吉尔大学。加拿大麦吉尔大学医学中心附属肿瘤医院、胸科医院、神经研究所'儿童医院、蒙特利尔总医院是世界顶级临床诊治和研究中心,在心脏外科、肿瘤外科、神经外科、创伤外科、泌尿外科及医院管理等众多领域等方面具有世界最先进水平。

第五课　钞票上的加拿大总理罗伯特·莱尔德·博登

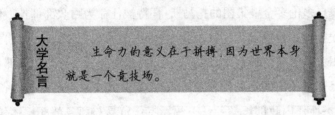

大学名言

生命力的意义在于拼搏,因为世界本身就是一个竞技场。

罗伯特·莱尔德·博登爵士(Sir Robert Laird Borden,1854年6月26日—1937年6月10日),是第九任加拿大总理。任内曾经历第一次世界大战。其肖像现在印于加拿大一百元钞票上。

政治生涯

1911年9月25日,罗伯特·莱尔德·博登作为取得竞选胜利的保守党领袖登上加拿大联邦总理的宝座。这位来自新斯科舍省的苏格兰移民后裔,早年曾执教于新斯科舍的一所中等学校,1878年进入律师界,1896年入选国会。1911年担任保守党领袖之后力图推行一些改革政策以恢复党的活力,但收效甚微。在1911年大选中,他联合各派力量,成功地组织起反洛里埃阵线,从而结束了自由党长达15年的统治。

> 【知名校友】
> 玛格丽特·萨默维尔(Margaret Somerville)教授,她领导了跨学科中心,集中研究医学伦理学、人工流产、安乐死、艾滋病等法律、社会和保健制度的一系列重大问题。

　　100加元正面印有博登的头像。然而,新政府上台以后面临的却是众口难调的困难处境。在大选中支持博登的魁北克民族主义者同其他地区的民族主义者是截然不同的两支政治力量。前者深恐在大不列颠承担义务,对洛里埃的海军服役法深恶痛绝;后者则忧心于来自美国的控制,为具有此种倾向的互惠贸易协定而惶惶不安。一些曾使洛里埃一败涂地的敏感问题现在却转过来考验着保守党政权。

　　博登缺少洛里埃的机敏、老练,但却具有坚定的信念和顽强的意志。同洛里埃一样,博登要走的也是一条妥协、中庸路线。这一点从博登新政府的构成上即可见一斑。

　　来自多伦多金融集团的托马斯·怀特被任命为财政部部长。怀特是与洛里埃分道扬镳的多伦多自由党中"十八个反叛者"之一,与麦肯齐——曼财团关系密切。具有类似背景的阿瑟·米恩担任了副司法部部长。

　　保守党在内阁中的代表除博登外还有4人。来自马尼托巴省的罗伯特·罗杰斯任内政部部长;乔治·E·福斯特任贸易与商务部部长;萨姆·休斯

任民兵部长;J.D.里德博士任关税部长。

博登也谨慎地邀请了魁北克的代表参加内阁。亨利·布拉萨个人对之不屑一顾,但却表示,如果博登赞同将海军问题诉诸公决,放宽移民政策,安抚西部少数民族,他可以推荐F.D.蒙和其他魁北克人加入内阁。这些条件对博登来说不成问

题。这样,新政府中又增加几位魁北克民族主义者,包括公共工程部部长蒙,国内税务部部长布鲁诺·南蒂尔,司法部部长C.J.多尔梯和不管部部长乔治·珀利。

保守党在议会众议院占有多数席位,但参议院中却聚集着一批自由党当政时期任命的终身参议员,预示着博登在推行新政策的道路上不会一帆风顺。

在内政方面,博登基本上是循着洛里埃走过的道路继续走下去。国家政策自然是政府施政的基石。博登既没有许诺也不曾打算有什么重大建树。互惠贸易协定的失败解决了工商业者担心的关税问题;入境移民的持续增加保障了西部拓殖事业的顺利进行;铁路发展计划仍在紧锣密鼓地制定与实施。

然而,由于资本主义本身发展规律的作用和国际环境的影响,保守党政府上台后加拿大的经济状况并不像原来设想的那样美满。洛里埃时代的繁荣到1913年就显出凋谢的迹象。小麦价格的降低导致农民收入减少;国外投资的削减引起经济建设速度的放慢;西部拓殖事业已接近尾声,加拿大结构中的灵活因素正在消失。然而,博登政府对于解决国内经济问题一筹莫展。新政府与生俱来的民族主义热情使加拿大自然而然地卷入国际纷争的漩涡之中。

博登政府上台之际,国际局势正日趋紧张。在欧洲,德国的迅速崛起对英国的海上霸权构成严重威胁。德国无论在军舰生产能力和海军发展速度上都超过了英国。促使英国政府下决心诉诸一战。

一旦英国卷入一场世界战争，作为英帝国重要成员的加拿大势难洁身自好。博登希望加拿大能在帝国中发挥积极作用，不仅仅是共赴战争，而且在共同的外交政策上拥有发言权。在1910年关于海军法案的辩论中，博登就提出："我坚决主张，以英国两党和帝国各自治政府为成员的防务委员会，应对帝国防务在组织上予以控制。……如果我们参与帝国的持久防务，我们必须对这些事有一定的控制权与发言权。"为此应当促成中央集权的英帝国转变为未来合作的英联邦。要实现这一目标，博登面临着双重难题：既要说服英国当局让加拿大分享权利，又要使加拿大人明白承担帝国义务的必要性。

1912年夏，博登乘船赴英。通过与英国外交大臣爱德华·格雷爵士和海军大臣温斯顿·丘吉尔的会谈，博登意识到，加拿大必须有所行动，以准备一场迫在眉睫的战争。回国后，博登于1912年10月14日，向议会提出海军援助法案，建议议会提供3500万加元的紧急拨款以便在英国建造和装备3艘战列舰。

博登的提案在内阁和议会中都遇到相当大的阻力。F·D·蒙明确反对在帝国防务中采取联合行动的主张并提出辞职。蒙的态度代表了布拉萨等法裔加拿大人的立场。布拉萨坚决主张取消博登海军方案。他巧妙地援引爱德华·格雷爵士在1912年1月29日所作的要求其他国家不要干涉帝国冒险事业的声明，来反对加拿大卷入英帝国事务。他总结说："如果我们的

政治家无视英国人民而把时间浪费在取代英国国务活动家，拯救英国舰队和母国的努力中，他们会突然从帝国主义的美梦中觉醒，去面对因忽视保卫加拿大经济安全和国家

...

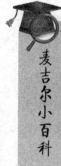

统一而引起的加拿大的严重问题。"

除了来自魁北克的强大阻力外，博登的计划也受到在野的自由党的掣肘。洛里埃在魁北克强调指出，如果英国真的面临危险，他与其他法裔加拿大人会以各种方式伸出援助之手，但他反对为任何"虚张的危机"贡献什么。

1912年12月，博登的海军方案在众议院获得通过，但却被自由党占多数的参议院以未经加拿大人民政府批准为由否决了。两党在帝国防御问题上形成互相掣肘之势。到1914年8月4日英国对德国宣战为止，博登的宏伟蓝图并无半点进展。他既没能说服加拿大人民承担起帝国义务，也没有为加拿大争得在帝国外交中的发言权。

麦吉尔小百科

　　麦吉尔大学的医学院是公认的顶尖医学院之一，该医学院建立于1829年，拥有很长的历史，是麦吉尔大学的第一个院系，也是加拿大的第一所医学院。作为加拿大领先的医学研究型大学，麦吉尔大学在生物医学、表观遗传学、神经科学、干细胞和再生医学等许多领域都取得了巨大的突破。

第六课　首位法裔加拿大总理
威尔弗里德·劳雷尔

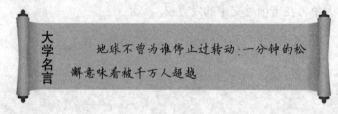

大学名言

地球不曾为谁停止过转动：一分钟的松懈意味着被千万人超越

威尔弗里德·劳雷尔（1841年11月20日—1919年2月17日）是第八任，也是首位法裔加拿大总理。任内曾经历第二次布尔战争。威尔弗里德·劳雷尔初入政坛加入了魁北克激进的"红党"，该党是联邦自由党的支持者。其肖像现在印于加拿大五元钞票上。

个人概述

威尔弗里德·劳雷尔保守党执政多年遗留的诟病，使该党在1896年的联邦大选中一败涂地，由魁北克律师威尔弗里德·劳雷尔领导的自由党越位成功，领导加拿大走进新时代。威尔弗里德·劳雷尔在位时间长达十五年，创下了加拿大总理在位时间最长的纪录。

个人生平

威尔弗里德·劳雷尔于1841年出生在魁省东部小镇的一个农庄，在当地上了多年小学后，被父亲送往附近小镇新格拉斯哥的一个罗马天主教学院学习英语,后来,他前往麦吉尔大学学习法律,1864年从麦吉尔大学获得法学学士学位,毕业后在蒙特利尔当律师。

威尔弗里德·劳雷尔初入政坛加入了魁北克激进的"红党",该党是联邦自由党的支持者。1866年,威尔弗里德·劳雷尔到倡导自由主义的报纸《Le Défricheur》担任编辑。1874年,威尔弗里德·劳雷尔作为自由党成员,在联邦大选中胜出,同年被选为众议院议员,在亚历山大·麦肯齐领导自由党执政的短暂时期,威尔弗里德·劳雷尔曾出任税务局局长,他的雄辩才能、个人魅力、出众智慧,使他在自由党成员中脱颖而出,1887年,爱德华·布莱克辞去自由党领袖,威尔弗里德·劳雷尔成功接任。

政治生涯

1896年,威尔弗里德·劳雷尔领导自由党,战胜摇摇欲坠的保守党,赢得联邦大选的胜利,威尔弗里德·劳雷尔成为加拿大历史上第一位法裔总理。

国家的联合、民族的融合是威尔弗里德·劳雷尔上台后的最首要问题,他领导加拿大走入二十世纪,在他执政十五年间,加拿大的政治、经济、工业化、移民吸纳等方面都有了长足的发展;同时,也使加拿大从英国的控制中得到更多自治。

政治成就

教育

威尔弗里德·劳雷尔上台后的第一个行动是解决曾导致前总理Mackenzie Bowell下台的"曼尼吐巴天主教学校事件",他采取折中方案,允许曼尼吐巴省说法语的天主教徒可以在学生人数足够的情况下接受天主教教育,这一方案受到

各方认可。

英荷战争

1899年,为了争夺南非的殖民地,南非的英国移民与早先移民的波尔共和国荷兰移民发生矛盾,激起著名的英荷战争(Anglo Boer War),简称波尔战争,又称南非战争。结果是波尔人战败,英国殖民者于1910年成立了南非联邦。波尔战争期间,英国曾要求加拿大派兵支持英国皇家军队。在加拿大国内英裔势力的支持和法裔势力的反对下,总理威尔弗里德?劳雷尔最终决定向英国派遣志愿兵,而不是英国最初希望的正规军,但这次派兵仍然受到法裔加拿大人、魁省省长Henri Bourassa的指责。

创建海军

由于国家繁荣,加拿大吸引了更多移民,特别是西部地区也有大量移民迁入,Saskatchewan和Alberta两省于1905年建省, 成为最后加入加拿大联邦的两个省份。1910年,威尔弗里德·劳雷尔引入"海军服务条例",创建了独立的加拿大海军。

个人争议

从总体来说,威尔弗里德·劳雷尔在位十五年的功大于过,他最大的失误在于铁路规划上的野心。加拿大首任总理John A. Macdonald策划修建了加拿大第一条国家铁路,威尔弗里德·劳雷尔希望与前任总理相媲美,开始修建第二条国家铁路,这一计划造成巨大的财政灾难,导致自由党在1911年的联邦大选中失利。

作为反对党领袖,威尔弗里德·劳雷尔在一次世界大战中反对征召青年人入伍,1917年的"征兵危机"令自由党内部造成分裂,大多数支持征兵的英裔自由党人,加入了保守党总理Robert Laird

【知名校友】

丹·马里西(Dan Marisi)教授是麦吉尔赛车运动研究中心联合主任,著名的运动生理学家和运动医学家。他在世界汽车"一级方程式"大赛、世界杯滑雪赛和奥林匹克运动会中研究了运动员的肌肉耐受性、集中注意力的能力、决策制定能力和动态视觉技巧。其研究成果已运用到安全驾驶、医治外伤和提高运动员成绩与体质等领域。

Borden组成的新党"自由—联合党"，一举在1917年的联邦大选中赢得绝对胜利。

个人评价

威尔弗里德·劳雷尔于1919年2月17日在渥太华去世，他在众议院任职长达四十五年之久。他的葬礼举行得极为隆重，五万加拿大民众和来自全球各地的上千位政客前往渥太华为这位伟大领袖送葬。为了纪念这位伟人，威尔弗里德·劳雷尔的故乡Saint-Lin-Laurentides被列为加拿大历史遗址；威尔弗里德·劳雷尔生前在渥太华住宅所在的Somerset街被更名为Laurier街；安省一所大学则更名为威尔弗里德·劳雷尔大学；加拿大五元纸币上的头像也是威尔弗里德·劳雷尔总理的头像。

第七课　本土出生的加拿大总理约翰·阿伯特

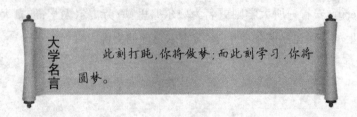

大学名言

此刻打盹，你将做梦；而此刻学习，你将圆梦。

约翰·约瑟夫·考德威尔·阿伯特爵士是第三任加拿大总理，亦是第一位在加拿大本土出生的加拿大总理。他的任期由1891年6月16日至1892年11月24日。

人物简介

约翰·约瑟夫·考德威尔·艾伯特爵士 PC,QC,KCMG,BCL,DCL(Sir John Joseph Caldwell Abbott,1821年3月12日—1893年10月30日)是第三任加拿大总理，亦是第一位在加拿大本土出生的加拿大总理。他的任期由1891年6月16日至1892年11月24日。他在私生活和政治生活中都谨慎从事。

生平经历

地方精英

阿伯特是一位英国到加拿大传教的牧师的儿子，出生在魁北克的安德鲁城，22岁那年，他在蒙特利尔工作了5年之后考入麦吉尔大学，毕业时取得民法学学位，其后成为一名出色的律师。1849年娶了蒙特利尔安立甘主教的女儿，1855年他34岁的时候成为母校法学院院长，其后长期担任麦吉尔大学董事会董事。

英国放弃特惠关税制度，加拿大政府答应赔偿法裔加拿大在1837年起义的损失之后，一群急躁的年轻保守党对此感到愤慨，1849年他们在蒙特利尔发表《兼并宣言》，号召与美国合并，艾伯特也在宣言上签字，这是他政治生活的开始。这个宣言被大部分加拿大人鄙视，在宣言上签字的人在人民眼中几乎成了卖国贼，艾伯特后来极力为宣言开脱，他声称："就像任性的孩子打保姆，不是要故意伤害她一样，签名的组织者也不是真的要和美国合并。"

出任总理

1891年，总理约翰·麦克唐纳于任内病逝。面临分裂的保守党希望阿伯特能够接掌总理一职，阿伯特只好在不情愿的情况下接受这个请求。当时他已年近古稀，疲惫不堪，他自己说，他被挑选为首相的原因同美国总统候选人当选一样，是因为没有人特别讨厌他。艾伯特面临两大挑战，麦克唐纳的保护关税仍然不能帮助和安抚失业者，全国继续滑入萧条的深渊，同前任政府一样，在他十八个月的任期内，爆出丑闻不断，自由党成员揭露政府为了让承包商支付回扣给魁北克的保守党做政治基金，而增加承包商的合同款项，这些指控导致一名内阁部长辞职，一名内阁部长入狱。阿伯特其中几项政绩包括：

【知名校友】

伊恩·亨特（Ian Hunter）和约翰·霍勒巴克（John Hollerbach）教授是麦吉尔大学智能机研究中心的著名生物医学工程师。他们利用计算机和机器人领域里的新进展合作研制成功了人工手。这种手具有人手的大小和形状，但比人手的动作要快5倍。

改革公务员制度、修订刑事法则、跟美国签订互惠条约。另外,在他任内一共有五十二次补选,其中四十二次均由保守党胜出,令到保守党以十三席之差继续成为多数党。这些胜利很大程度归功于自由党的失误,自由党首脑爱德华·布莱克发表告别演说时,莫名其妙地说自由党的政策是最终和美国合并,这几乎给予自由党以破坏性打击。魁北克自由党首席部长奥诺雷·梅西耶因重大贪污罪被解职,他的罪行使得同样罪行的保守党自愧不如。但艾伯特没能充分利用魁北克最强有力的保守党人沙普鲁的才智,因而为威尔弗里德·劳雷尔1896年的大胜铺平了道路。

最后日子

阿伯特在出任总理一年后尝试将总理一职交予下院领袖,信奉罗马天主教的约翰·斯帕洛·戴维·汤普森,但是因为受到有宗教偏见的保守党核心小组反对而未能成事。1892年,罹患初期脑癌的阿伯特因为健康逐渐衰退,被迫退出政坛,而约翰·汤普森最终成为新一任加拿大总理。阿伯特在退休后希望能到欧洲治病恢复健康,但与1893年10月在欧洲去世,享年七十二岁。他被安葬于魁北克省蒙特利尔皇家山公墓。

第八课　从童话中走来的女总统瓦伊拉·维基耶·弗赖贝加

大学名言

只有比别人更早,更勤奋地努力,才能尝到成功的滋味。

瓦伊拉·维基耶·弗赖贝加(Vaira Vike-Freiberga,1937年12月1日—),她的故事就像一个迪斯尼童话——一个小女孩逃离陷于战乱的祖国,数十年之后返回祖国,成为总统。

漂泊人生

维基耶·弗赖贝加1937年12月1日生于拉脱维亚首都里加,1945年随父母离开拉脱维亚。由于当时二战尚未结束,维基耶·弗赖贝加一家的移民之旅充满危险。在他们前往德国的航线上,曾有船只遭到鱼雷袭击而沉没。抵达德国后,一家人在疾病流行的难民营待了一

段时间。在联合国难民机构的帮助下,维基耶—弗赖贝加的父母决定定居北非国家摩洛哥,因为那里能够提供一些技术职位供移民选择,而去其他许多国家只能做苦工。到了1954年,维基耶·弗赖贝加一家离开摩洛哥,定居加拿大。

客居加拿大

维基耶·弗赖贝加在加拿大的第一份工作是银行出纳。但她不懈努力,接受了高等教育,先后毕业于多伦多大学和麦吉尔大学,获文学学士、文学硕士和实验心理学博士学位。1965年获蒙特利尔大学心理学博士学位后长期(至1998年)在该校任心理学教授。并潜心研究拉脱维亚民歌,著有《在琥珀山》《太阳的歌谣》和三部曲《三种太阳》的前两部等。成为一位著名的语言学家和心理学家。

维基耶·弗赖贝加定居在多伦多,那里是拉脱维亚移民聚集中心。当时,拉脱维亚是苏联的加盟共和国,而身在国外的拉脱维亚移民却希望保存祖国独特的语言和文化。维基耶·弗赖贝加就是一名积极分子。除了教

学活动外,她积极从事社会活动。她是拉脱维亚和加拿大科学院成员,先后担任加拿大心理学会会长、加拿大心理学联盟副主席、加拿大社会科学联合会副主席、加拿大科学委员会副主席和波罗的海人研究联盟副主席等职。

回归祖国

1991年苏联解体,拉脱维亚宣布独立,定居国外的大批拉脱维亚移民回到国内。1997年,维基耶·弗赖贝加从蒙特利尔大学一退休就搭乘飞机,飞回祖国拉脱维亚,担任拉脱维亚研究所所长。一年后她

正式回国永久定居。

当选总统

1999年6月17日成为拉脱维亚总统选举中的一匹"黑马"。许多人怀疑,这个从未有过任何从政经历、在国外生活了55年的红发女人,能否在以男性为主的拉脱维亚政坛站住脚。但令观察家们大跌眼镜的是,她作为一名无党派人士,获得了祖国党、自由党、人民党和社会民主党等的支持,在选举中获胜。1999年7月8日她正式就职,任期四年。成为拉脱维亚历史上第一位女总统,也是中东欧历史上第一位女总统。不仅如此,她还成为拉脱维亚最受欢迎的政治家,许多人还认为她是最为胜任的总统。2003年,她再次当选总统。

对华友好

维基耶·弗赖贝加对华友好,主张加强中拉在各个领域的友好互利合作。她于2004年4月对中国进行了国事访问。访问了北京、上海、西安等地她认为中国在全球化的事业中扮演非常重要的角色,她特别赞赏中国在朝鲜核问题上采取的积极态度。

第九课 埃及前总理艾哈迈德·马哈茂德·穆罕默德·纳齐夫

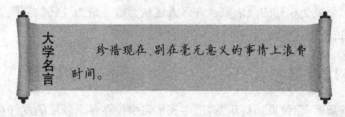

大学名言

珍惜现在,别在毫无意义的事情上浪费时间。

艾哈迈德·马哈茂德·穆罕默德·纳齐夫（Dr.Ahmad Mahoud Muham-mad Nazif,1952年—）生于开罗。埃及政治家,前总理。于2004年7月14日一任埃及总理。

人物简介

艾哈迈德·纳齐夫(Ahmed Nazif),出生于1952年7月8日,1973年获开罗大学工程学士学位,1976年,纳齐夫获开罗大学电力工程硕士学位。随后,纳齐夫远赴加拿大麦吉尔大学留学,并于1983年获得该大学电脑工程博士学位。自1999年奥贝德担任总理以来一直担任电信和新闻国务部长,他是阿提夫·穆罕默德·奥贝德内阁中年纪最轻的阁员。

纳齐夫已婚,有两个孩子。他在进入奥贝德内阁前,曾任开罗大学工程学教授和总理府信息中心执行经理。1999年,纳齐夫首次进入内阁,出任电信和新闻国务部长,随后改任通讯部长,负责埃及的信息化建设。他被认为是接受过西方教育的"技术官僚",主张对外开放。他担任通讯部长期间，埃及电信部门出台了一系列措施，其中包括取消上网费等优惠措施，从而使埃及的信息产业迅速发展，网民人数从4年前的30万猛增至目前的100万。另外，纳齐夫还主张积极推进埃及政府部门的信息化改造工程，反对官僚作风，主张提高政府的服务意识，向公众提供更加简便、高效的服务体系。

担任总理

2004年7月9日，以奥贝德为总理的内阁向穆罕默德·胡斯尼·穆巴拉克总统递交辞呈后，穆巴拉克立即任命曾在原内阁中担任电信和新闻国务部长的纳齐夫为新一届政府总理。

一些分析人士认为，纳齐夫出任埃及新总理可谓是临危受命，重任在肩。4年来，由于国际、国内和地区局势急剧动荡，埃及经济状况不好，失业率持续上升，人民生活水平显著下降。据统计，埃及本地货币埃镑4年来对美元的比价下跌了近50%，而物价则上涨了近一倍。这导致不少市民对奥贝德政府的执政能力表示怀疑和不满。

埃及媒体称，纳齐夫办事雷厉风行，注重效率，不带官僚习气，具有良好的团队合作精神。但也有观察家指出，纳齐夫虽有在一些公司中短暂任职的经历，但缺乏经济和商业管理的专业知识和实践经验。

辞去职务

2011年1月29日，艾哈迈德·纳齐夫向总统穆罕默德·胡斯尼·穆巴拉克辞职，结束了7年的总理任期。

据新华社开罗2011年1月29日电埃及国家电视台29日报道，在总统穆巴拉克的要求下，以总理纳齐夫为首的埃及政府当天已集体辞职。

在埃及民众连续几日的抗议示威活动后，穆巴拉克29日凌晨发表电视讲话，要求现政府辞职。穆巴拉克说，他很关心民众的生活，他将继续推进改革，努力解决失业问题，提高医疗和教育服务水平。

学术航母

第十课　一个"愤世嫉俗者"迪克·庞德

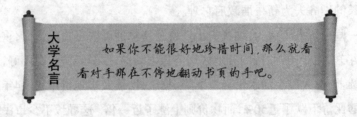

如果你不能很好地珍惜时间，那么就看看对手那在不停地翻动书页的手吧。

迪克·庞德，1942年出生。麦吉尔大学校长，加拿大籍，前国际奥委会执行副主席，前世界反兴奋剂机构主席。

简介

迪克·庞德，1942年出生。加拿大籍，前国际奥委会执行副主席，前世界反兴奋剂机构主席。庞德1960年首次代表加拿大参加罗马奥运会的游泳比赛，他先后在1987年到1991年以及1996年到2000年期间两度出任国际奥委会副主席一职。庞德从1978年开始就一直是国际奥委会的委员，1998年开始担任国际奥委会的常务副主席，在萨马兰奇请假期间主持国际奥委会的工作。

"愤世嫉俗"

作为前国际奥委会（IOC）市场委员会主席，他的名字曾与天文数字的"金钱"相连；作为盐湖城贿选事件调查委员会主席和一段时间内的

IOC道德委员会主席,他的名字就与"丑闻"相连;作为现任世界反兴奋剂机构主席,他的名字又与"禁药"相连。多年来,庞德把体育圈里的利益、倾轧、黑暗与欺骗看得够够的,而在他身上,我们也能看到:一个"愤世嫉俗者"如何面对这个世界。一个"愤世嫉俗者"是无法对世界表现太多"友善"的。

在雅典奥运会主新闻中心那个名叫"迷宫"(克诺索斯)的新闻发布厅,面对上百名记者无数的相同或不相同的问题,持续一个多小时的发布会,庞德的嘴角几乎没有"向上"弯起的弧度。大部分时间,他用一张"扑克脸"面对着或激动、或诙谐、或偏激的提问者,连说话的语调都没有很多变化。庞德怎么笑得出来?尽管奥运会还没开始,雅典就纠出了服药者,尽管面对新型兴奋剂,大家都已经心中有底,但最重要的反兴奋剂手段——《世界反兴奋剂条例》[3-4]却依然面临种种阻力,世界上最有影响的单项体育组织国际足联到今天都没和WADA就这个问题折腾清楚,足球随时有可能因此被开除出奥运会。而庞德又怎能轻易地向其他表达他的喜怒?就是FIFA这件事情,他和布拉特相互之间的言语评价,都快被媒体弄成"打嘴仗"了,他怎么还会对这些人有好脸色? 一个"愤世嫉俗者",心里其实是很激烈的,否则他就不会总是去做"得罪"人的事情,也就不会总是"得罪"人。作为盐湖城丑闻的调查者,庞德在IOC内几乎变成"孤家寡人",2001年的IOC主席竞选,很多人不看好庞德就是为此;而作为WADA主席,庞德更曾"骂"遍天下,不但批评了国际足联、美国奥委会这些老是给WADA找"麻烦"的组织,而且连国际奥委会以前的兴奋剂政策都"扫"到了。而如今,面对雅典奥运会前连续爆出的美国田径运动员的禁药丑闻,庞德也毫不客气的直接指责美国田径需要"小心看好自己的后院",因为他们遭遇的不是误服感冒药或者补品这种事情,而是有组织、有"阴谋"的服用兴奋剂,这是非常严重的。庞德说:"美国田径做了很坏的'榜样'。"

【名人语录】

有志于某种事业者,与其临渊羡鱼,毋宁退而结网,结网无他,即当对于此某事业所需要之能力先加以充分的准备。

——邹韬奋

需要提一句的是，美国政府缴纳的会费是WADA财政上的主要收入。一个"愤世嫉俗者"更是冷酷的，因为他认为这世界上没什么人值得"怜悯"。游泳名将索普曾经说过，要想在一个干净的奥运泳池中比赛是非常天真的想法，并且暗示他的对手中肯定有人服用兴奋剂。不少人认为索普身为运动员，不应该作出这样的评价。但庞德却毫不迟疑地说："他应该指出到底谁是服药者，我们在这方面有过成功的先例。冬奥会上就有运动员这样做了，自己也最终从第三名变成第一名。我想我会鼓励运动员这么做。"一个"愤世嫉俗者"，他说到底对"人性"持有一种很悲观的态度，甚至时常能让人感觉到他的悲哀。

记者问庞德如何看待那些声称自己"误服"禁药的运动员时，WADA主席轻轻一笑，认真地说："真正的误服，非常非常少，非常非常少……"庞德的"同事"、曾经的竞争对手、现任IOC主席罗格说过："欺骗，是人类的本性。"一个"愤世嫉俗者"不会说得这么悲天悯人，所以，庞德说："我们找出谁是骗子，然后，除掉他们。"

违禁丑闻

虽然2012年伦敦奥运会女子铅球决赛已经结束一周有余，甚至伦敦奥运会闭幕式都举行完毕，不过中国体育代表团还是收获了一枚迟到的铜牌，将自己的奖牌总数定格在88枚。由于白俄罗斯女运动员奥斯塔普丘

克的尿液样本经检测呈阳性，被剥夺铅球项目的金牌，原本排名第四的中国女选手巩立姣因此捕获铜牌。算上奥斯塔普丘克，这已经是伦敦奥运会出现的第12例兴奋剂丑闻。随着1896年现代奥林匹克运动的兴起，兴奋剂

就成为与之共生的"肿瘤"。奥运会与兴奋剂在进行一场没有硝烟的战争，并且看不到尽头。

掉进"尿瓶子"

虽然近年来对兴奋剂的检测越来越严格，对违规者的处罚越来越严厉，但是每届奥运会都会查出有运动员使用兴奋剂。伦敦奥运会共有12例兴奋剂阳性事件，再加上国际奥委会对2004年雅典奥运会之后的老账重算，兴奋剂丑闻从始至终伴随着伦敦奥运会，让其掉进"尿瓶子"。

伦敦奥运会开幕当天，国际奥委会宣布，阿尔巴尼亚举重选手普拉库在7月23日进行的例行药检中被查出司坦唑醇含量超标。普拉库被逐出奥运会，成为伦敦奥运会首个栽倒在兴奋剂上的选手。此后，乌兹别克斯坦女子体操运动员路易扎·加柳林娜，圣基茨和尼维斯选手塔梅卡·威廉姆斯，俄罗斯场地自行车运动员维多利亚·巴拉诺娃，哥伦比亚男子400米选手迭戈·帕洛莫克，摩洛哥男子1500米运动员艾米恩·拉鲁，巴西女

> **【名人语录】**
>
> 一本书最好的并不是它包含的思想，而是它提出的思想。正如音乐的美妙并不寄寓于它的音调，而在于我们心中的回响。
>
> ——霍姆斯

子赛艇单人双桨选手基斯雅·卡塔尔多，美国男子柔道73公斤级选手德尔波波罗，叙利亚女子400米栏运动员赫弗兰·阿尔穆哈默德，北京奥运会男子50公里竞走冠军、意大利名将施瓦策，摩尔多瓦链球运动员玛丽娜·马尔福维娜，白俄罗斯链球选手伊万·茨克恩先后因为尿检结果呈阳性，无缘本届奥运会。此外，国际奥委会还取消了美国选手泰勒·汉密尔顿在2004年雅典奥运会上获得的自行车个人计时赛的金牌。

从饮料到"毒瘤"

兴奋剂在英语中叫Dope或Doping，初指一种有强身健体功效的酒，后来泛指有刺激性作用的饮料。北欧传说中的神勇战士巴萨卡斯在战斗前要服用一种可以大幅提高战斗力的饮料，后人考证这种饮料很可能含有

毒蘑菇的成分，而毒蘑菇据传是古代奥林匹克运动员赛前经常使用的兴奋剂。最早登上现代体育舞台的兴奋剂是鸦片，英国传统的耐力赛跑是现代体育使用兴奋剂的源头。20世纪20年代，人们逐渐意识到要限制在体育运动中使用此类物质。1928年，国际业余田径联合会率先宣布禁用兴奋剂。此后，很多运动组织先后颁布了禁令。20世纪30年代，人工合成激素问世后，兴奋剂滥用情况变得越来越严重。

1968年，国际奥委会决定把兴奋剂检测正式引进奥运会。1999年2月，国际奥委会召开反兴奋剂世界大会并发表了《洛桑反兴奋剂宣言》；同年11月，独立的世界反兴奋剂机构在洛桑正式成立。2005年10月，联合国教科文组织通过了《反对在体育运动中使用兴奋剂国际公约》，这是全球第一个旨在反对兴奋剂的有普遍国际约束力的法律文书。2007年11月，第三届世界反兴奋剂大会上通过了修订后的《世界反兴奋剂条例》，并于2009年1月正式生效。新《条例》最显著的改变之一，就是对初犯的惩罚由原来的禁赛两年提高到四年。这意味着，在本届被查出使用兴奋剂的运动员将不能参加下届奥运会。

身心健康杀手

奥运会的目的是通过体育运动增进各国的相互了解和友谊，从而建立一个更加美好的和平世界。但少数运动员经不住奖牌和奖金的诱惑，丢掉了公平竞争的原则，投入兴奋剂的怀抱。其结果不仅是断送了自己的前程，更毁了身心健康甚至丧命，成为兴奋剂的牺牲品。

丙酸睾酮作为合成类固醇类兴奋剂的一种，具有增强肌肉和骨骼的作用，在主动或被动减体重时，它能帮助运动员保持肌肉体积。然而，类固醇会导致脂肪代谢紊乱、肝功能异常、头痛、高血压、秃发、前列腺肥大、精液过少或无精、性欲改变等。它对女性的危害几乎都是不可逆转的，其中包括引起月经不调和闭经、乳房扁平、痤疮、多毛症、嗓音低沉等。更可怕的是兴奋剂很多危害都是在数年之后才表现出来，例如导致癌症和胎儿先天畸形等。可见，兴奋剂的危害是终身的。运动员使用兴奋剂本是一种职业道德素养丢失的行为，即使赢得比赛那也是胜之不武。况且，兴奋剂还会对人体健康造成如此惨痛的伤害，运动员们就更加不能以身试法了。

猫捉老鼠的游戏

在动画片《猫和老鼠》中，永远捉不到老鼠的猫和一直在调戏猫的老鼠斗智斗勇，笑料百出，伴随着一代又一代人的成长。与之类似，反兴奋剂和兴奋剂也在进行着一场猫捉老鼠的游戏。

人类用兴奋剂来提高运动成绩的历史，可以追溯到2000年前的古代奥林匹克运动会。随着现代奥林匹克运动的兴起，兴奋剂种类开始丰富起来，鸦片、士的宁、苯丙胺、硝酸甘油均成为运动员使用的兴奋剂。在当时，奥运会中使用药物并不认为是不光彩的事情，反而被赋予科技进步的意义。虽然可以提高运动成绩，但是滥

【名人语录】

人总是要犯错误、受挫折、伤脑筋的，不过决不能停滞不前；应该完成的任务，即使为它牺牲生命，也要完成。社会之河的圣水就是因为被一股永不停滞的激流推动向前才得以保持洁净。

——泰戈尔

用兴奋剂让运动员生命健康受到严重的危害,甚至有人在比赛中猝死。人们逐渐意识到禁止使用兴奋剂的必要性,国际奥委会在1968年墨西哥城奥运会上正式开始兴奋剂检测。

但是正如中国反兴奋剂中心副主任吴侔天所言:"猫一定是在老鼠后面跑的,不可能猫跑在老鼠的前面,老鼠追猫。"只有当某种兴奋剂出现之后,检测技术才能相应而生。此外,很多兴奋剂在被运动员使用之前是用来治疗疾病的物质,检测人员不可能完全预知哪种物质会被当作兴奋剂来使用。奥运会的历史已经多次证明,由于检测手段跟不上,没有检测出兴奋剂并不等于没有使用兴奋剂。美国女飞人琼斯曾在2000年悉尼奥运会一人夺得3枚金牌、两枚铜牌。直到2003年被举报使用了一种当时尚无法检测出来的合成类固醇THG,国际奥委会才开始就琼斯是否使用兴奋剂展开调查。而直到提供兴奋剂的实验室两位负责人供认之后,琼斯才在记者招待会上含泪承认服用兴奋剂并道歉,此时已经到了2011年。

在与兴奋剂这只"老鼠"的追逐游戏中,反兴奋剂这只"猫"始终在追赶。为此,国际奥委会规定,参加奥运会选手的兴奋剂尿样或者是血样将在实验室集中存放8年。在这段时间里,专家们将进行各种化验来检测选手们是否服用了此前手段查不出来的违禁药物。

林肯说过:"你可以永远欺骗某些人,你可以偶尔欺骗所有人,但是你不可能永远欺骗所有人。"使用兴奋剂的运动员总有露出狐狸尾巴的那一天,虽然这一天的到来可能需要很长的时间去等待。

第十一课　麦吉尔大学名人榜
——李欧纳·柯恩

个人简介

李欧纳·柯恩（Leonard Cohen），1934年出生于加拿大蒙特利尔一个犹太中产家庭，在他9岁时父亲（一个服装商）就去世了。13岁时，他第一次拿起吉他，目的是为了给某个女孩留下印象，但在一两年后，他就开始在当地的咖啡馆演唱自己的歌。后来，李欧纳·柯恩就读于麦吉尔大学，主修英文。17岁那年，他组建了一支叫作the Buckskin Boys的3人西部乡村乐队，同时，他开始写诗。柯恩自1956年出版第一部诗集《让我们比较神话》（Let us compare Mythologies）开始，到1966年发行其最重要的小说《美丽的输家》（Beautiful Loser），他前后共出版了8本诗集与两部小说。

所谓"诗歌不分家"，诗既为一种有韵律感的文体，自然容易与歌相辅相成，然而放眼歌坛之中，称得上诗人的却寥寥可数，李欧纳·柯恩就是其中一位。有人称他为"摇滚乐界的拜伦"，和其他几位具诗人特质的创作歌手比起来，柯恩没有传奇的Jim Morrison那样迷幻颓废，也不似庞克女王

Patti Smith的叛逆敏感,更不同于Chris de Burgh的优雅华美,或Bob Dylan的任重道远,柯恩就是柯恩,一颗总在深思的老灵魂,一缕总在爱恋的孤独男声,一个不爱穿牛仔裤的老嬉皮,他的歌与诗,看似平淡质朴却十分耐嚼。看看唱片封面的柯恩,有人说像达斯汀·霍夫曼,有人说像艾尔·帕西诺,仿佛洞穿一切的眼神,俨然一副过分沉郁的个人主义者形象。

在纽约哥伦比亚大学经历过一小段节衣缩食生活之后,柯恩获得了一笔家族遗产使他可以过得很安逸。而他,也毫不犹豫地过上了这种生活:沉湎女色,服用兴奋剂(当时还是合法的)以及周游世界。柯恩开始在欧洲旅行,最后在希腊的一座岛上落脚,和一个女人与她的儿子一起生活。在希腊的7年时间里,他写了两本诗集和两部小说。

但是地中海的温暖阳光并不能平复柯恩躁动不安的心。"在写书的时候,你不得不待在一个地方,"1988年他接受《音乐人》杂志采访时说,"当你写一本小说的时候,总是希望一些东西包围着你。你的生活中需要一个女人,充满了美酒佳肴,而且最好还有孩子们以及一个干净整洁的地方。而我已经拥有了这些,然后,我决定成为一个唱作人。"离开了舒适的家庭式生活之后,他回到美国,在音乐重镇纳什维尔附近安顿下来,准备开始他的音乐生涯。当时已经开始走红的民谣女歌手Judy Collins,翻唱了他的"Suzanne",结果大受欢迎,成为电台热门歌曲和她最流行的代表曲目之一,于是她说服柯恩一起参加民谣巡演。在1967年夏天的纽约新港民谣节

期间,柯恩首次登台亮相,并在CBS电视网节目上演唱自己的歌曲并朗诵了诗作。

柯恩与哥伦比亚唱片公司签约,于1968年初出版了他的首张唱片《The Songs of Leonard Cohen》,尽管制作简单、内容抑郁(可能也正因为是这样),它在那个民谣

盛行、唱作人风潮刚刚开始兴起的时代马上就大热起来,成千上万的大学生都买了这张唱片。像"Suzanne""Hey, That No Way To Say Goodbye""So Long, Marianne"和"Sisters of Mercy"这样的歌曲使已经34岁的柯恩成为流行乐坛新偶像。

1968年,柯恩出版了诗选集《Selected Poems: 1956–1968》。它为他赢得了加拿大文学界的最高荣誉:总督奖。但他迅速地拒绝了这项荣誉。

1969—1972年期间,柯恩接连出版了第2、3张专辑《Songs from A Room》《Songs of Love and Hate》和第一张现场唱片《Live Songs》(其中包括了一段令人惊奇的14分钟即兴创作"Please Don挟Pass Me By"),但在商业上和评论上都大不如前。1973年专辑《New Skin For the Old Ceremony》依然充满着阴沉和黯淡的情绪,继续深入细述了闺房里的隐秘搏斗,而封面使用中世纪的宗教情色插画,当时在美国被禁。

1977年,柯恩推出了他最受争议的专辑《Death of a Ladies Man》,它是从与著名制作人Phil Spector(以神秘与隐居著称,监制过包括The Beatles在内的许多著名乐队唱片)的合作开始的,但到了最后的制作阶段柯恩却被排除在外。"这是个灾难,"柯恩回忆说,"那些涂鸦般的歌声混音工作,是Phil Spector在警卫守护下秘密进行的。我当时想,要么派一支私人军队去攻打位于日落大道的录音棚,要么就算了。我就算了。"

1979年专辑《Recent Songs》带来了少许变化,歌曲延续了柯恩解剖男女关系变迁的主题,也开始反映出他在宗教信仰上的长期探索。而1985年专辑《Various Position》就完全投身到宗教怀里,歌曲"Hallelujah""The Law""Heart With No Companion"和"If It Be Your Will"都是当代的宗教赞美诗。

1988年初,柯恩为Jennifer Warnes制作了那张街知巷闻的唱片《著名的蓝雨衣》(Famous Blue Raincoat)(它比

【名人语录】

　　一个人想求精神上的伟大,必须多感受,多控制,说话要简洁,思想要含蓄,绝对不铺张,只用一瞥一视,一言半语来表现,不像儿童那样夸大,也不像女人那样流露感情;应当为了听了半个字就能领悟的人说话,为男人说话。

——罗曼·罗兰

柯恩的任何一张唱片卖得都要好）。接着，他出版了自己的专辑《I'm Your Man》，再次引起关注。54岁柯恩的声线变得极富吸引力，低沉而性感，而那融合了黑色幽默、悲观色彩和诗歌意识的歌曲更是引人入迷，而这张唱片是他这10年来销量最好的专辑。

1992年，柯恩发表了专辑《未来》(The Future)，细述了一个男人面对余下岁月的恐惧感。在完成专辑巡演之后，柯恩大部分时间都在南加州Baldy修道院里修炼禅道，法号Jikan(意思是沉默的一个)，主要的活动是冥想和给他的导师做饭。

1999年，结束了将近5年的修道生活，Cohen带着近百首新诗和歌词下山了。他立刻开始和Sharon Robinson(**一个著名的幕后歌手，曾与柯恩共同创作了名曲"Everybody Knows""Waiting for the Miracle"**)着手新歌的工作。

2001年10月，在隔了8年之后，柯恩终于发表了最新创作专辑。和早期

那些唱片一样，它有一个简单而又纯粹的名字:《Ten New Songs》。这是一张弥漫着告别气息的歌曲集，充满了个人自白，挽歌式的感叹，一些轻微的抗议声和禅意。它，看上去就像是个句号。

作品年表

1956年，诗集《让我们比较神话》(Let Us Compare Mythologies)，"首本诗集就赢得了文学界的肯定"。

1961年，诗集《大地香盒》(The Spice Box Of Earth)，"早期书作中最受欢迎、最畅销的一本"。

1963年，小说《最喜爱的游戏》(The Favorite Game)，一个蒙特利尔青年犹太

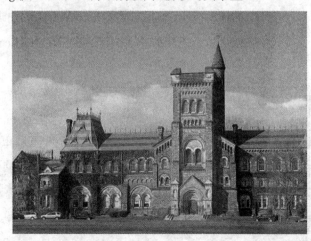

艺术家的画像。

1964年,诗集《给希特勒的花》(Flowers For Hitler),柯恩首度有意识地作出撕匆帐鲷姿态。

1966年,小说《美丽的失败者》(Beautiful Losers),"一部乖戾而虔诚却又无比优美的史诗"。

1968年,唱片《The Songs of Leonard Cohen》(Leonard Cohen 的歌),初试啼声就成为乐坛偶像;1968年,诗集《Selected Poems:1956—1968》(诗歌自选集),凭这本诗集荣获"Gover nor-General Award"奖(加拿大最高文学奖)。

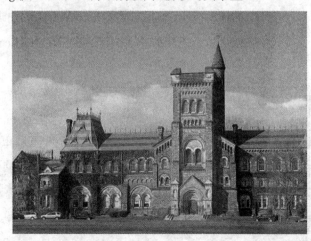

1969年,唱片《来自一间屋子的歌》(Songs from A Room),更迷惘更忧郁的第二批经典歌曲。

1971年,唱片《Songs of Love and Hate》,如专辑标题,爱恨交织,柯恩最为感情丰富的作品。

1972年,诗集《奴隶精神》(The Energy of Slaves),这本伪浪漫主义诗集是柯恩反艺术的又一次尝试。

1972年,现场唱片《Live Songs》(现场歌曲),早期歌曲+新歌的真挚生动的现场演绎。

1973年,唱片《New Skin For the Old Ceremony》(新皮旧仪式),音乐结构和表现力最为丰富的专辑。

1975年,精选唱片《The Best of Leonard Cohen》,前4张录音室专辑的最经典的歌曲精选。

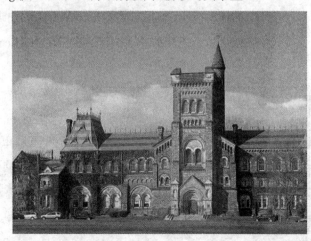

【名人语录】

　　每隔一个时候,世界上就要产生一个这样的天才。我们已经说过,这种天才的降临使得艺术、科学、哲学或者整个社会焕然一新。他们充实了一个世纪,然后又消失退隐了。但他们的光辉燕不只照耀着一个世纪,而是照耀着全人类,从时代的这一个尽头到那一个尽头。

——雨果

1977年,唱片《Death of a Ladies Man》(一个女士的男人之死),因音乐理念互相抵触,监制Phil Spector和柯恩的合作并不成功。

1978年,诗与散文诗集《Death of a Lady 扭 Man》,柯恩在这个时期似乎正经历着一场感情危机。

1979年,唱片《近来新歌》(Recent Songs),思愁和孤独被幽默地化解,柯恩经历了黑暗的混乱后似乎已回复平衡。

1984年,诗集《宽恕之书》(The Book of Mercy),在宗教意义上、精神上都深具启发性。

1985年,唱片《多种立场(Various Position》),歌词隐晦音乐简约,轻涉流行和乡村音乐风格。

1988年,唱片《我是你的男人》(I'm Your Man),尝试流行的音乐元素,法西斯隐喻使唱片似乎不太畅销。

1992年,唱片《未来(The Future》),号召人们挑战所谓正义的定义和人生的失落。

1993年,作品集《陌生人之歌》(Stranger Music),包括歌词、诗歌和一些游记片段。

1994年,现场唱片《Cohen Live》(柯恩现场),来自他1988—1993年的现场演唱会。

1997年,《Dance Me To The End Of Love》,这本艺术画册中,收有柯恩的最新诗作,配上艺术家Henri Matisse的油画、素描、剪纸、插图、浮雕等21幅作品。1997年,精选唱片《More Best of Leonard Cohen》,柯恩从音乐上到演唱上均有改进。

1999年, 精选唱片 《Greatest Hits》《So Long, Marianne》,出道至今的最畅销歌曲之精选 《God Is Alive, Magic Is Afoot》,2000英国出版这本诗画册, 集柯恩的诗歌和伦敦两位有名的艺术家/设计师Sarah Perkins和Ian Jackson的艺术作

【名人语录】

　　嫉妒的人或者愚蠢的人由于从来不知道才智高明者的行为的动机,总是马上抓住一些表面矛盾来提出指控,暂时将才智高明的人列为被告。

——巴尔扎克

品于一体。

2001年，现场唱片《Field Commander Cohen—our of 1979》（旷野指挥官柯恩），来自1979年柯恩在英格兰举办的演唱会录音。2001年10月，唱片《Ten New Songs》（十首新歌）和女音乐人Sharon Robinson的合作。

主要作品欣赏

柯恩有着辨识度极高、"仿佛来自地下道"的低沉嗓音，有如历经沧桑的老朽凄诉着岁月的陈年往事。他的音乐真诚、简单、直接而感人肺腑，其文字、音节、旋律、意境都保有诗般的美丽与隽永。他多愁善感、情感丰沛，歌曲背后总有一段段难以忘怀的故事，关于青春，也关于浪漫，并且总是带有些许难以排遣的悲伤。

他是伟大的诗人，也是伟大的歌手，从没有人怀疑过。他的诗即歌、歌即诗。他愿意耗费五年、十年的时间只为静静等待一首歌、一行句子、一字一语的完成。也由于这样追求完美的诗心，使得他的作品字字经过雕琢，而充满启示性、神谕性，深深影响后来许多音乐人与文人骚客。

第一张专辑中的《苏珊》〈Suzanne〉，最早由走红的民谣女歌手Judy Collins演唱，后来柯恩亲自诠释并收入专辑中。歌词中主角与"苏珊"之间似爱情又似宗教的神秘心灵契合，曾引起诸多揣测，传说着"苏珊"是否真有其人，而诗歌只是悠悠缓缓如河水流过，传唱至今。

第二张专辑《Songs from a Room》不如第一张卖座，却也广受好评，尤其是其中的《Bird on the Wire》和《Story of Isaac》两首更是经典。超慢板的《Bird on the Wire》，灵感来自窗外突然架起的电线，诗人原本嫌它

阻断视野、有些苦恼，但一日意外瞥见停在电线上鸟儿自在的神态，心胸豁然开朗，就谱成了这幅屡经挣扎后重获自由的心灵释放图。

之后的两张专辑，分别是弥漫绝望、疏离氛围的《Songs of Love and Hate》(1971)和被认为是柯恩作品中音乐性最丰富的《New Skin for the Old Ceremony》(1974)。前者中的名作便是《著名的蓝雨衣》(Famous Blue Raincoat)，后来由珍妮佛·华伦斯(Jennifer Warnes)演绎的版本，成绩超越苍凉老声，可能她华美的嗓音让隐晦的词意更能被接受，华伦斯的《Famous Blue Raincoat》倒成了一张发烧片。

人生和创作生涯似乎皆遇到"瓶颈"的柯恩，跑到希腊某个小岛上隐居了一段时间，之后于1977年出版了文集《Death of a Ladies' Man》以及同名专辑，却皆惨遭恶评，被指为充满沙文主义色彩，不知是否是他与制作人Phil Spector理念不和而导致的结果。1979年，仿佛要拭去前作阴影般，柯恩推出了专辑《Recent Songs》。

1984年，柯恩邀来珍妮佛·华伦斯合作另一张《Various Positions》，同时出版了诗集《The Book of Mercy》。而在《Various Positions》中光芒四射的名作，便是这首《Dance Me to the End of Love》U2主唱BONO赞颂他为摇滚界的拜伦、雪莱，如此尊贵的称赞一点也不阿谀夸张。

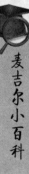

麦吉尔小百科

　　麦吉尔的医学院在加拿大首屈一指，是无数学子梦寐以求的地方，美国著名的约翰霍普金森大学医学院的创立者之一威廉奥斯勒即从麦吉尔大学医学院毕业，中国民众熟悉的白求恩大夫也曾在麦吉尔大学附属医院实习、研究和工作，多名医学家在此研究获得重大成果获诺贝尔生理学奖或医学奖。

后 记

　　本丛书是根据世界著名大学文化教育长期思考研究编辑而成，它代表着我的一份独立思考,更代表着我的一份紧张和不安。

　　我知道书是写给别人看的,且不说怎样去影响别人、打动别人,起码得让人饶有兴致地读下去吧。我试图从新的视角,新的写作方式,尽可能全面准确地把握写作主题,让读者从世界著名的 20 所高等学府中获取知识,从而提高自身的文化素质,学习思考问题和学术研究的新方法。在文化交流中,读者能够从本丛书中了解到世界著名大学的文化教育思想,同时可以学习借鉴这些大学教育经验的有效做法和成功经验。我知道,想到了未必能做到,更未必能做得好。这是个大问题,就算不能够起到抛砖引玉的效果、但是在编写过程中我还是做了大胆的尝试,希望读者们可以在阅读的过程中有所收获,有所启发。

　　本着这样的想法和初衷,经过长期的准备和编写,书稿业已完成。大学是人才荟萃、知识丰富和精神自由的地方,在大学里,每个大学生的人生都会因为环境而发生重大的转折和改变,这也是人生获取能量、积累资源最重要的时期。因此,大学生在校期间应该兼收并蓄,广泛寻求与老师、同学、校友之间的互动交流机会,从而既可获得一面立体的"镜子",清晰地认清自己,又能获得各类精神营养的滋润,让自己拥有领袖的气质。

　　大学是未来领袖的摇篮,是天才的渊薮,也是一个人在走向社会之前的自我磨练的地方。在这样一个思想极度开放自由的地方,作为大学生必然会遇到各种各样的问题。在这套丛书中,我们不仅介绍各所世界名校的

发展历程、研究成果，同时我们还介绍了这些高等学府的知名校友，青少年在阅读时会从那些名人的生平事迹中有所感悟，从而影响青少年读者的人生价值观。我始终认为大学教育是一个人在成才过程中必不可少的教育阶段，在这一时期，大学生们必须要有自我发展的意识，而"未来领袖摇篮"丛书正好符合了青少年在这方面的需求。

大学有着深厚的文化积淀，其功能是培养符合社会需要的人才。尽管大学中的教学活动都是围绕专业知识的传授和学习展开的，实际上，一批又一批的青年学子始终是在学校中各种"潜在课程"、"无形学院"的培养、熏陶和影响下成长的。学知识与学做人，始终是摆在大学生面前的两件同等重要的任务。大学教育的本质在于人的教育。

高等教育的最重要目标并不是为了培养出多少具有先进知识的人才，而是在于培养具有高素质的复合型人才。换句话说，在学生的专业知识与人格得到全面发展的同时，大学作为培养"未来领袖的摇篮"肩负着责无旁贷的重任。